돈 버는 식당
원조맛집은 이렇게 해서 큰돈 번다

돈 버는 식당!

원조맛집은 이렇게 해서 큰돈 번다

문세진 지음

팜파스

들어가는 말

원조맛집을 벤치마킹하라!

'음식 문화'라고 하는 것은 한 사회의 생활 및 의식 수준과 함께 발전해 가게 된다. 그런 의미에서 우리 사회에 음식 문화가 정착하기 시작한 것은 1980년대 후반부터 1990년대 초반에 이르는 시기라고 볼 수 있다.

그 전까지는 사실 음식 문화라고 부를 만한 것이 없었다. 음식점 창업자들은 대다수가 먹고사는 문제에서 출발하는 생계형 창업이 대부분이었고, 손님들 역시 맛에 대한 기호와 미각을 만족시키는 음식을 찾아 맛을 향유할 여유가 부족했다. 당시 우리에게 음식은 문화이기 전에 생존의 문제였던 것이다.

그럼에도 이 시기부터 우리 사회에는 수십 년에 걸친 오랜 세월 동안 독특한 맛과 서비스 그리고 분위기로 나름의 문화를 일궈온 음식집들이 존재해왔다. 이 음식점들은 생존을 위한 창업이었음에도 불구하고 생존만이 아니라 부를 축적하고 '성공적 경영모델'을 제시해왔다. 동시에 먹고 사는 문제로 고민하던 당시 사람들에게 특유의 맛과 이야기가 있는 음식점이 되어주었다. 그리고 이렇게 성공의 반열에 올라선 집들에 대해서 사람들은 '원조'라는 수식어를 붙여주었다.

이 책에서 다루려고 하는 것이 바로 손님들이 붙여준 '원조'라는 수식어를 지니고 수십 년의 역사를 지켜 오고 있는 '원조맛집'들의 성공 비결이다. 그런데 이들 맛집들의 성공 비결을 분석해내고, 그 내용을 통해 식당을 창업하려는 이들에게 도움을 주고자 하는 이 책의 기획의도 이전에 시급한 문제는 원조맛집을 선별하는 기준을 어떻게 정하느냐의 문제였다. 단순히 식당의 역사가 오래되었다거나, 어떤 음식을 처음 만들어냈다거나, 손님들이 미어터진다거나 하는 어느 한 가지 요인만으로 원조맛집을 정할 수는 없었다.

그래서 일단은 범위를 줄이기로 했고, 이것이 첫째 조건이 됐다. 서울로 범위를 한정시켜 최소한 30년 이상의 역사를 지닌 음식점들만을 포함시키기로 했다. 여기에서 딱 한 곳의 예외가 생겼다. 약 12년 정도의 역사밖에 되지 않는 〈논현동원조쌈밥〉이었다. 여기에는 '식당을 창업하려는 이들에게 도움이 될 만한 원조맛집'이라는 기획의도가 크게 작용했다.

다음으로는 그 집만의 특별한 음식을 만들어낸 집들 가운데에서 지금까지도 그 맛에 대해서만큼은 다른 집들이 흉내 낼 수 없어야 한다는 조건을 적용해보았다. 그리고 세 번째로는 지금까지도 '원조'라는 명성과 전통을 이어 오며 손님들에게 변함없는 신뢰를 받고 있어야 한다는 조건을 달았다.

이러한 몇 가지 조건과 기획의도에 부합하는 집들로 한정을 시킴으로써 사전 정보와 취재 과정을 거치는 동안 제외된 집들이 적지 않았다. 나름의 이유로 취재를 거절한 집들도 제외할 수밖에 없었다. 그리고 결론적으로 마지막까지 남은 27곳의 원조맛집을 이 책을 통해 소개하게 된 것이다.

이 책은 크게 4개의 장으로 구성했다. 1장에서는 원조맛집들의 성공 비결을 포함해 음식점을 창업하고자 하는 사람들이 가장 중요하게 여겨야 할 마음가짐과 핵심포인트를 제시했다. 2장에서는 이들 원조맛집들이 자신들만의 '맛'을 만들어내기 위해 들인 노력을, 3장에서는 원조맛집들의 독특한 서비스 기법을 소개했다. 4장에서는 손님들의 발길을 잡아당기는 원조맛집들만의 '멋'이 다른 집과 어떻게 차별화되는지를 소개하고 있다. 마지막 부록에서는 이 책에 소개된 맛집들의 역사를 간단히 소개하면서 한눈에 볼 수 있도록 관련 정보를 요약하였다.

이 책에서 미처 말하지 못한 한 가지를 이 자리를 빌어 덧붙이고 싶다. 우리나라의 명성 있는 원조맛집들의 성공 비결이 음식점을 창업하려는 사람들에게 낡은 것으로 비춰지지 않았으면 하는 바람

이다. 우리 사회의 원조맛집들은 많은 위기와 변화의 시기를 거쳐
오면서 나름대로 손님의 기호와 식성 그리고 감각에 맞추려는 노
력을 해왔고, 지금도 그 노력은 끊임없이 계속되고 있다. 그들의
노력이 언제나 그래왔듯 이 시대의 새로운 세대들과 함께 이루어
져 갈 수 있기를 바란다.

　아쉬움도 남고 부족한 점도 많은 이 책이 나름대로 식당을 창업
하려는 이들과 현재 어려운 경제 현실 속에서도 꿋꿋이 식당업을
유지해 가고 있는 이들에게 작은 도움이 될 수 있었으면 한다.

문세진

contents

들어가는 말 · 4

차례 · 8

1장 원조맛집에 도전하라

우리 식당도 원조맛집이 될 수 있다! · 14
실전창업노트 1 외식업 창업 절차

원조맛집은 매일 새로운 이야기를 쓴다 · 24
실전창업노트 2 원조 서비스 정신

창업자가 갖추어야 할 원조 마인드 · 29
실전창업노트 3 창업을 꿈꾸는 당신이 기억해야 할 세 가지

2장 대를 이어가는 깊은 맛
– 원조의 맛을 그 누가 흉내 내랴

원조마복림할머니집 – 며느리도 모르는 맛의 비밀 · 36
실전창업노트 4 맛 관리가 핵심이다

오장동 흥남집 – 한 우물만 파라 Ⅰ · 42
실전창업노트 5 메뉴 선정

청진옥 – 한 우물만 파라 Ⅱ · 46
실전창업노트 6 손님의 취향과 기호를 데이터베이스화하라

모리화 – 맛의 창조를 통해 전문 식당으로 거듭나라 · 52
실전창업노트 7 메뉴 개발

고려 삼계탕 – 최상의 재료, 최고의 맛 · 58
실전창업노트 8 음식 재료 확보 및 관리

전주중앙회관 – 기존 메뉴에 새로움을 더하라 · 64
실전창업노트 9 신메뉴 개발

하동관 – 맛을 위해 욕심을 버려라 · 70
실전창업노트 10 음식 값이 쌀수록 성공한다?

원 할머니 보쌈 – 맛의 기본을 지켜라 · 76
실전창업노트 11 프랜차이즈 가맹

권형석의 영동골뱅이 – 발품 없이 최고의 음식 재료를 구하겠다고? · 82
실전창업노트 12 적성에 맞는 업종 선택법

개성집 – 손님이 원하는 맛을 이해하면 성공이 보인다 · 88
실전창업노트 13 메뉴구성 전략– 서비스 품목 결정하기

里門설농탕 – 전통 음식에 관심을 가져라 · 95
실전창업노트 14 단골 만들기

진도집 – 새로운 메뉴를 개발하라 · 101
실전창업노트 15 프로슈머 마케팅

마포원조 주물럭집 – 맛의 비결은 손맛 · 106
실전창업노트 16 종업원 관리

미리내막국수 – 위기를 자산으로 바꾸는 메뉴 마케팅 · 112
실전창업노트 17 메뉴 마케팅

원조 장충동 할머니집 – 진정한 원조맛집은 소리가 나지 않는다 · 117
실전창업노트 18 고객 수 분석

터줏골 – 남들보다 질 좋은 재료를 써라 · 124
실전창업노트 19 음식 재료 조달법

함경도찹쌀순대 – 대를 이어가는 원조의 맛에는 이야기가 있다 · 131
실전창업노트 20 간단한 아이디어만으로도 매출은 높아진다

은정 – 입맛을 길들여라 · 136
실전창업노트 21 장 관리법

3장 원조맛집만의 서비스 마인드
– 원조맛집은 세 번 감동시킨다

논현동 원조쌈밥 – 원조맛집은 세 번 감동시킨다 · 142
실전창업노트 22 감동 마케팅

松竹 – 손님을 가족처럼 대하라 · 149
실전창업노트 23 고객응대 비결

조선옥 – 손님이 할 일은 '맛있게 먹는 것' 단 하나뿐이다 · 156
실전창업노트 24 DM 발송

마포진짜 최대포집 – 300g의 고집으로 일구어 낸 성공신화 · 160
실전창업노트 25 손님의 마음을 읽는 서비스

명동따로국밥 – 고객 곁에 변함없이 함께 한다 · 168
실전창업노트 26 주방 서비스

4장 원조맛집의 차별화 전략
　　　– 손님이 길을 물어 찾아오는 음식점을 만들기까지

서문회관 – 남들과 다르면 맛도 다르다 · 176
실전창업노트 27 매장 분위기가 매출을 좌우한다

석산정 – 흉내 낼 수 없는 그 집만의 특별한 멋을 창조하라 · 182
실전창업노트 28 고객 수준에 맞춘 맞춤형 인테리어

곰보추탕 – 맛의 차별화로 원조가 되어라 · 188
실전창업노트 29 가격 정하기

이강순 실비집 – 저렴하면서도 늘 변함없는 맛의 내공 · 195
실전창업노트 30 기념품 선택

부록 · 원조맛집 리스트 27 · 202

원조맛집이란 "오래되고 낡은 것"이 아니다.
오히려 식당 개방, 메뉴 마케팅 같은
현대적 경영전략을 가장 먼저 이용한 집들이기도 하다.
맛 또한 마찬가지이다.
한결같은 맛을 유지하면서도 고객의 입맛에 따라
진화할 줄 아는 것이 바로 원조맛집의 저력이다.

1장

원조맛집에 도전하라

우리 식당도 원조맛집이 될 수 있다!

요즘 식당들마다 장사가 안 되어 죽을 맛이라고 아우성이다. 아직도 외식업 창업을 단순히 '먹는 장사'라고 만만하게 여기고 세밀한 준비와 노력 없이 무모하게 뛰어들었다가 실패의 쓴맛을 보는 이들이 적지 않다. 몇 년 동안 영업을 해오던 식당들도 문을 닫는 판국에 넉넉지 않은 자금과 사전준비 없이 식당을 개업한다는 것은 "섶을 지고 불구덩이 속으로 뛰어드는 격"이다. "먹는 장사가 남는 장사다", "먹는 장사는 망하지 않는다"는 말들이 그야말로 옛말이 되었다.

그런데 이런 어려운 상황 속에서도 여전히 손님들이 끊이지 않는, 소위 돈을 많이 버는 식당들이 있다. 수십 년의 역사 속에서 손님의 입에서 입으로 알려진 이른바 '원조맛집'에는 오늘도 손님들이 앉을 자리를 찾아 서성거려야 할 정도로 장사진을 이루고 있다.

그러나 이들 원조맛집들이라고 해서 처음부터 '원조'라는 소리를 들었던 것은 아니며, 넓은 매장이 좁아 길에서까지 손님들이 줄을 서서 기다렸던 것은 아니다. 대부분의 소문난 '원조집'들은 보잘것없는 작고 허름한 가게로 시작해 오늘의 성공에 이르렀다.

지금이야 한 분야에서 가업을 잇는다는 것이 사회적으로 가치를 인정받고 있지만, 90년대까지도 특정 분야를 제외하고는 가업을 잇는다는 것에 대해 좋은 시선을 보내는 사람들은 그리 많지 않았다. 그런 까닭에 고생해서 번 돈으로 자식들에게 공부를 시키려고 했지 기술이나 장사를 가르치려 했던 이들은 적었다. 자신들이 겪어야 했던 고생과 우리 사회의 암묵적인 천대를 절대로 자식과 후대에게 물려주지 않겠다는 생각 때문이었다.

이러한 인식이 특히 오랫동안 전해 내려왔던 분야 가운데 하나가 바로 외식업, 즉 먹는 장사였다. 그래서인지 우리나라에는 백 년을 넘긴 식당이 드물다. 정확한 통계치가 있는 것은 아니지만, 서울에서 20년 이상의 전통을 보유한 음식점은 대략 350여 곳으로 추산된다. 하지만 2, 3대에 걸쳐 대를 이어가며 식당업을 하고 있는 집들로 범위를 좁히면 그 수는 현저히 줄어든다. 그리고 서울 한복판에서 수십 년간 간판을 내걸고 영업을 하는 원조맛집들은 대부분

사대문 안과 마포 지역에 집중되어 있으며, 그밖의 지역에는 드문 드문 자리하고 있다.

많지는 않아도 수십 년 동안 대를 이어가며 음식 맛을 이어 가고 있는 원조집들은 요즘 들어 더욱 관심을 받고 있다. 이는 웰빙 열풍과 함께 이른바 "잘 먹고 잘 살자"는 라이프스타일이 유행처럼 번지고 있는 현상과도 무관하지 않다. 잘 먹고 잘 살기 위해서는 맛도 있고 건강에도 좋은, 그러면서도 안전한 음식을 먹어야겠는데 이른바 원조맛집들은 이런 면에서 수십 년의 세월 동안 충분히 검증된 곳들이기 때문이다.

수많은 식당들이 적자를 견디지 못하고 문을 닫는 현실에서 원조맛집들은 도대체 다른 식당들과 무엇을 다르게 운영하기에 오늘도 손님들이 줄을 서는 것일까? 어떻게 해서 오늘의 명성과 성공이 가능했던 것일까?

이러한 질문에 답하기 전에 먼저 '원조(元祖)'라는 말의 어원에 대해 알아보도록 하자. 원래 원조라는 말에는 어떤 일을 처음으로 시작했다는 사전적 의미가 담겨 있다. 이러한 의미에서 볼 때 원조맛집들은 어떤 특정 음식을 가장 먼저 시작한 집이라고 볼 수 있다.

물론 대부분의 음식들은 인간의 역사만큼이나 오래되어서 누가 처음 만들어냈는지를 따질 수 없다. 그래서 사람들은 이전까지 존재해왔던 어떤 음식에 새로운 맛을 더하거나 새로운 아이디어와 조리법 등을 개발해 오랜 세월 사랑을 받아온 집들에도 '원조'라는 표현을 사용한다.

이러한 원조맛집을 운영하고 있는 이들에게 성공의 비결을 물으면 그들은 한결같이 난감하다는 표정을 짓는다. 그러나 원조집 주인들의 말을 주의 깊게 듣다 보면, 표현은 조금씩 달라도 그들이 들려주는 성공의 비결은 한 가지로 모아진다. 그것은 바로 "기본에 충실하라"는 지적이다. 그들이 말하는 기본이란 다름 아닌 '그들만의 변함없는 맛'과 '손님에게 최선을 다하는 친절과 신뢰 마인드'를 말한다.

뿌리가 깊은 나무는 바람에 흔들리지 않는다고 했다. "기본이 탄탄할수록 깊이가 있고, 그 깊이만큼 흔들림이 없다"는 세상사의 진리만큼 원조맛집들의 성공을 제대로 설명할 수 있는 말이 또 있을까. 이 단순하고, 당연하고, 평범한 진리야말로 새로이 음식집을 창업하려고 하는 이들이 초지일관 간직해야 할 기본 중의 기본이다.

그리고 원조맛집들은 수십 년의 세월 동안 검증된 기본 이외에 또 다른 무언가가 있다. 한때 호황을 누리던 대형횟집 사장이 3~4년이 지나자 포장마차를 운영하고 있는 것을 본 적이 있다. 한창 장사가 잘 될 때는 "저희는 기본에 충실한 경영으로 이렇게 성공했습니다"라고 했는데 몇 년 만에 매출이 곤두박질쳤던 것이다.

이런 경우는 어떻게 해석해야 하는가? 기본에는 충실한지 몰라

 고객은 새로운 음식점이 생기면 한 번 두 번 찾아가서 먹고 즐기지만, 단골손님이 되기 위해서는 기본에 충실한 것만으로는 부족하다.

꾸준한 메뉴 개발과 고객만족도의 주기적인 체크, 다양한 즐거움, 볼거리 제공 그리고 시대에 맞는 마케팅 전략으로 단골손님이 떨어져 나가지 않도록 하는 것이 필요하다. 외식업은 전자제품과 달리 매일같이 갈고 닦아야 빛이 나는 것이다.

외식업 창업을 앞둔 사람이나 현재 외식업 창업을 준비 중인 사람들은 누구나 어느 정도는 준비가 되어있을 것이라고 생각한다. 준비된 사람이라면 절반의 성공을 거둘 확률이 있는 셈이다. 이제부터 당신이 나머지 절반의 성공을 어떻게 거둘 수 있을 것인지, 그 비법을 찾아가보자.

외식업 창업 절차

1. 음식점 콘셉트 잡기 : 사업계획서를 작성하라

음식점의 콘셉트를 잡는다는 것은 메뉴와 테마를 구성하고 정하는 것이다. 즉 고객의 요구를 조사, 분석하여 최대 매출을 목표로 업태를 잡는 것을 뜻한다. 특히 상품의 품질과 접객서비스, 인테리어 및 분위기 창출이 삼위일체가 되어 상승효과를 만들어낼 때 음식점은 초기부터 활성화된다. 지금, 점점 수준이 높아지고 있는 고객들은 '질'적으로 다른 어떤 것들을 원하고 있다. 외식업 창업자라면 이 같은 고객 요구에 부응하여 독창적이고 차별화된, 즉 '테마'를 갖춘 분위기 연출을 꼭 신경 써야 한다.

메뉴와 테마 콘셉트를 구성하기 위해서는 수많은 벤치마킹을 통해 고객의 요구를 분석하고, 성공요인을 기록하면서 '사업계획서'를 작성하여야 한다. 사업계획서에 들어가야 하는 내용은 상품의 경쟁력, 점포의 입지조건, 점포의 규모, 소요자금, 인테리어 계획, 음식의 가격, 주방의 설비리스트, 음식 재료 공급업체 리스트, 종업원 관리 계획, 연출물 기획, 광고 계획, 매출 목표 및 수지 계획, 전체 실행일정 등이다.

사업계획서를 완성하기 전에는 점포를 얻어서는 안 된다. 많은 창업자들이 대충의 메뉴를 정하고 점포를 얻으러 다니면서 좋은 점포라고 생각되면 계약을 해 버린다. 이런 경우 철저한 준비가 없어 허둥지둥 하기 마련이고, 시행착오가 이어진다. 임대료가 아까워 급한 마음에 개점을 서두르게 되면서 결국 큰 낭패를 보기 마련인 것이다.

2. 입지조사 및 상권분석

입지는 외식업의 성패를 결정하는 절대적인 조건이다. 메뉴의 콘셉트와 맞는 상권과 입지 조건을 철저히 파악하는 것은 꼭 필요하다. 성공한 음식점을 모방하는 경우 다수의 점포 입지조건을 분석하고 그와 유사한 입지조건의 점포를 구해야 한다. 입지 조건은 메뉴의 콘셉트와 뗄래야 뗄 수 없는 관계이므로 신중에 신중을 기해야 한다. 상권에 살고 있는 고객의 요구를 분석하는 것도 잊어서는 안 된다. 예상매출액을 분석하고 참고하여 입지를 조사하고 상권을 분석해 점포를 얻어야 한다.

3. 업종 및 메뉴 선택

메뉴 콘셉트를 선택할 때는 아래의 표를 참고하도록 하자.

NO	창업자 체크 리스트	Yes	No
1	평소 관심이 있었던 분야의 아이템이다		
2	해당 분야의 경험이 있거나 앞으로 실습을 통해 경험할 예정이다		
3	해당 아이템 운영에 대한 자신이 있다		
4	운영에 자신이 없으면 점장을 고용할 만한 자금 여유가 있다		
5	유행 아이템은 아니다		
6	업종의 시장규모에 대해 알고 있다		
7	아이템에 어울리는 주고객들의 특성을 알고 있다		
8	계절의 영향을 받는 업종은 아니다		
9	초기 투자비가 과다하거나 월 지출 비용이 많은 아이템은 아니다		
10	일반 금리보다 수익성이 좋다고 예상된다		
11	준비한 아이템이 라이프 사이클상 어떤 단계인지 알고 있다		
12	선정한 메뉴 콘셉트에 잘 어울리는 입지조건을 알고 있다		
13	선택 아이템에 대한 창업 자금규모, 운영자금 등을 정확히 알고 있다		
14	투자되는 자금 중 70% 이상이 자기 자본이다		

4. 식재, 물류 및 종합관리 시스템

메뉴를 상품화시키기 위한 전 단계로서 먼저 '음식 재료'에 대해 기준을 세우는 것이 필요하다. 음식 재료는 철저한 검사기준을 정해서 보관에서 조리가공, 상품화 절차를 거쳐 손님에게 제공되어야 한다. 특히 구매노선을 설정하고, 납품에서 상품화되어 손님에게 제공되기까지의 단계가 신속하게 처리되어야 한다.

음식 재료의 관리는 '온도의 관리'라 이야기 할 수 있을 정도로 재료들은 온도에 민감하다. 급속냉동이 잘 된 해물과 냉동 온도가 약한 상태에서 보관된 해물은 맛이 확연히 다르다. 재료별로 보관 온도도 각각 다르다. 야채는 5~6℃를 유지해 보관하는 것이 적당하나, 고기는 영하 20℃보다 낮은 온도에서 냉동하며 해동은 영하 2℃ 정도가 적당하다. 조리에 사용하기 전 온도는 2~3℃ 정도가 적당하다. 재료를 신선하고 안전하게 유지하기 위해서는 공기와의 접촉을 가급적 피하고, 냉장·냉동고 안에 온도계를 비치하여 정확한 보관온도를 확인해야 한다.

표준화 및 규격화를 통한 매뉴얼을 구축하고 음식 재료 공급처에서 손님의 상에 오르기까지 신선도를 유지하고 비용을 절감할 수 있도록 물류시스템을 갖추는 것 또한 필요하다.

5. 시설 공사

시설 공사는 음식점 전문 건축 및 인테리어업자, 위생공사업자, 가스업자, 전기업자 등의 전문가에게 위탁하여 전문적으로 이루어지게 해야 한다. 소규모 창업에서는 아는 사람을 통해 인테리어 공사를 진행하는 경우도 흔한 일인데, 많은 사람들이 "발등 찍혔다"며 후회하곤 한다. 비전문가가 보기에는 사소하게 보이는 것에도 전문지식은 필요하다. 많은 공사와 시공을 쌓은 노하우는 분명히 차이가 난다. 동선과 공기의 흐름, 배기량, 냉난방, 분위기 연출, 콘셉트와 잘 맞는 기자재의 사용 등은 오랜 경험에서 얻어지는 것이다.

또한 전문가와 함께 소방법과 식품위생법, 건축법이나 세무서, 보건소 등과 관련된 법규를 반드시 점검하자.

6. 서비스 교육

매출을 늘리기 위해서는 질 높은 서비스가 요구된다. 이는 개점하기 전에 교육하는 것이 가장 좋으며 개점 후에도 반복적이고 지속적인 직원 교육이 필요하다. 반복된 교육 훈련과 시스템의 개발은 곧 매출 향상으로 나타나며 음식점을 성장시키는 원동력이 된다.

7. 개점 후 활성화 방안

초기에는 점포 인지도 확산에 주력하면서 고객 반응을 다각도로 점검하여 홍보, 판촉 등을 강화한다. 또 정기적인 상권 재분석을 통해 계절별 이벤트 행사 등 다양한 방법을 활용하여 생동감 있고 역동적인 점포로 키워나간다. 장기적인 음식점 활성화 방안도 필요하다. 광고 및 홍보, 판촉물, 캠페인을 이벤트화시켜 꾸준히 손님들을 이끌고, 또 주기적인 시장조사를 통해 음식점 및 브랜드에 대한 고객의 요구를 다각도로 조사, 분석, 진단해야 한다.

원조맛집은 매일 새로운 이야기를 쓴다

외식업은 소규모의 자본으로 높은 이익을 낼 수 있다는 점에서 매우 매력적인 분야이다. 하지만 누구든지 외식업 창업으로 부(富)를 축적할 수는 있지만 "원조맛집"이라는 타이틀을 얻기란 결코 쉽지 않다.

그렇다면 어떤 음식점이 원조맛집이 되는 것일까? 30명이 넘는 종업원, 주차장까지 완비한 5층짜리 건물에서 하루에 몇백, 몇천만원의 수익을 올리는 대형음식점보다는 그 집만의 고유한 개성과 낭만이 배어 있는 곳을 우리는 "원조맛집"이라고 부른다. 물론 최근에는 원조맛집들도 리모델링을 거쳐 현대식으로 재탄생하고 있기는 하지만, 그렇다고 하더라도 그 집만의 분위기는 변함이 없다.

또 현대화된 주방시스템을 이용하여 전문적이고 매뉴얼화된 음식을 만들고 서비스 교육을 받은 종업원들이 서빙을 하는 음식점이 아니라 '손맛'과 '정성'이 가득한 음식과 따뜻한 인사말과 안부를 건네며 고객에게 편안한 기분을 느끼게 해주는 음식점을 원조맛집이라고 부른다.

전자가 정확하고 전문화된 경영 마인드와 친절한 서비스로 고객에게 만족을 준다면, 후자는 고객과 함께 이야기를 만들어가기에 고객 만족을 뛰어넘어 감동을 준다. 원조맛집의 운영자와 종업원들은 '고객'과 '손님'이라는 이분법적 사고방식에서 벗어나 음식점을 찾은 고객 한 사람 한 사람을 가족과 친구처럼 대한다.

요즘 고객들은 매우 똑똑하다. 한탕주의와 성공의 수단으로 전락한 음식점보다는 시대적 감각은 떨어지지만 '인간미'가 넘치는 원조맛집을 찾는다. 고객은 종업원이 물을 가져다줄 때의 손놀림이나 눈빛만 보고도 자신을 어떻게 대하는지 순식간에 파악한다. 자신을 설렁탕 한 그릇 가격으로 보는지, 한 명의 고객으로 보는지 짧은 시간에 간파하는 능력이 탁월한 것이다. 마찬가지로 자신에게 깊은 관심과 애정을 드러내는 마음을 읽어내는 능력 역시 탁월하다.

그러므로 고객의 사랑을 받고 원조맛집으로 등극하기 위해서는 고객에게 감동을 주는 사랑이 전제되어야 한다. 항상 오던 고객이 어느 날 아파서 오지 못하면 그 고객의 안부를 진심으로 궁금해 하고, 배달이라도 해주는 배려와 관심이 필요하다.

원조맛집의 운영자들이 고객에게 애정을 갖는 것은 고객이 돈을 내는 대상이라는 전제에서 출발하는 것이 아니다. 그에 앞서 자신의 직업과 직원, 손님에 대한 깊은 애정이 있다. 음식점 창업을 앞둔 사람들은 스스로에게 이런 질문을 던져보자.

- "내 음식점에 대해 진정한 자부심을 느끼는가?"
- "내 음식에 있어서는 최고가 되고자 하는가?"
- "경영과 고객을 대하는 것에 행복을 느끼는가?"
- "내 평생을 걸 수 있는가?"

이 질문들에 확고하게 "예"라고 대답할 수 있는가? 만약 그렇다면 조금 더 노력하면 원조맛집의 타이틀을 얻을 수 있을 것이다. 음식점을 운영하는 사람이라면 누구나 좀 더 많은 돈을 벌어 부자가 되고 싶은 것은 당연하다. 하지만 여기서 한 걸음 더 나아가 운영하는 과정 자체에서도 행복을 느낄 수 있어야 한다. 그래야만 자신도 만족스럽고, 고객도 함께 행복을 느낄 수 있게 된다. 운영자가 고객과 함께 그 행복을 공유하고 음식점의 이야기를 만들어갈 때 고객은 마음을 열고, 운영자에게는 운영의 노하우가 저절로 쌓여갈 것이다.

지금부터 원조맛집들이 어떻게 고객들에게 원조맛집이라는 타이틀을 얻게 되었는지 이야기하고자 한다. 맛이나 서비스, 마케팅 전략 등 외식업 창업자들이 준비해야 할 일련의 것들을 원조맛집들은 어떻게 고객에게 감동을 주는 차원으로 승화시켰는지 하나 하나 살펴보자.

문세진의 실전창업노트 2
원조 서비스 정신

원조맛집의 종업원들은 표정이 다들 자연스럽다. 인위적이거나 서비스 마인드로 무장된 웃음이 아니라 편안한 얼굴 그 자체이다. 이런 분위기에서 손님은 편안함을 느낄 수밖에 없다. 손님을 편안하게 하는 자연스러운 분위기, 손님을 진심으로 대하고 있다고 느껴지는 서비스는 정형화된 매뉴얼이나 종업원 교육으로 얻을 수 있는 것은 아니다. 또한 하루아침에 몸에 배이는 것도 아니다. 고객을 소중히 생각하는 원조맛집의 서비스 마인드가 대를 이어 전해지고, 이것이 손맛, 음식점만의 개성과 어우러져 다른 음식점과 비교하기 힘든 차별성을 갖게 하는 것이다.

이 차별성을 얻기 위해서 운영자는 리더십을 발휘할 필요가 있다. 운영자의 리더십이라는 것은 거만한 태도를 취하거나 종업원들을 자기 마음대로 부리는 것이 아니라, 직접 몸을 움직여 대를 이어 몸에 배어버린 원조 서비스 정신을 보여줌으로써 종업원들이 자연스럽게 익히고 실천하게 만드는 것이다. 마치 어머니의 좋은 성품을 딸이 닮아가듯이 운영자의 모습은 종업원들에게 자연스럽게 옮겨갈 것이다.

창업자가 갖추어야 할 원조 마인드

언론에 많이 노출되고 손님들로 문전성시를 이루는 원조맛집들에게 성공의 비결을 물으면 하나같이 자기 자랑이 아니라 대를 이어 일구어 온 음식점 자랑을 하고, 단골손님 자랑을 한다. 이때 이들의 눈빛과 말투에는 오늘의 성공신화를 일구어 낸 자부심과 겸손이 어려 있다. 각 맛집들마다 색깔은 각양각색이지만, 다음과 같은 여러 가지 공통점들이 있다.

욕심은 없지만 고집은 있다
원조맛집의 운영자들은 대개 돈을 버는 것에 큰 욕심이 없다. 대신 한 명의 고객에게라도 최상의 음식을 대접하고자 하는 데에는 돈을 아끼지 않는다. 늘 최상의 질 좋은 재료를 쓰는 것만 보아도 알 수 있다.

해물로스구이 전문점 〈진도집〉의 박영창 사장이 대박이 나자 여기저기에서 해물로스구이 음식점을 창업했다. 하지만 결국 재료값을 감당하지 못하거나 질이 낮은 재료로 승부를 보려다 문을 닫는 경우가 많았다.

박 사장은 국내산 해물만을 고집하며 비싼 가격은 대량 구입을 통해 매입 단가를 낮추고 있다. 가장 맛있는 철에 구입하여 음식 맛을 지키고 손님들과의 신뢰를 지키는 것을 중시하는 박 사장의 고집은 원조맛집이라면 쉽게 볼 수 있는 아름다운 풍경이다.

어려워도 포기하지 않는 우직스러움

원조맛집 운영자들이 창업자들에게 공통적으로 당부하는 하나는 "중도에 포기하지 말라"는 것이다. 음식점을 운영하다 보면 반드시 어려운 시기가 한두 번은 찾아오게 마련이다. 이 위기는 내부적인 원인일 수도 있지만 경기불황, 상권의 변화 등 외부적인 변화 때문이라도 어쩔 수 없이 찾아온다.

원조맛집 운영자들이 입을 모아 말하는 것은 힘든 시절에도 자신의 음식점에 대한 확신과 믿음을 가지고 좀 더 노력하여 손님들을 대하면 진실은 반드시 통하게 된다는 것이다.

〈里門이문설농탕〉의 전성근 사장은 가게를 물려받은 이후 하루도 쉬지 않고 원조맛집을 일구어왔지만, 광우병 파동으로 위기를 맞게 되었다. 당시 쇠고기와 관련된 음식점들이 많이 망하거나 업종을 바꾸었고 〈里門설농탕〉 역시 손님이 3분의 1로 줄었다.

전 사장 또한 답답한 심정이었지만, 가게를 지키기 위해 부단히 노력했다. 그리고 어떠한 어려움 속에서도 꿋꿋하게 버텨낼 자기 자신을 믿었다. 그는 변함없이 머리가 아닌 가슴으로 손님들을 대하며 이미지를 회복하고 제자리를 찾아가려 애썼다. 그러는 와중에 광우병 파동도 끝이 보이기 시작했고, 〈里門설농탕〉은 다시 회복의 조짐이 보였다. 전 사장의 흔들림 없는 모습에 종업원들도 묵묵히 자리를 지킬 수 있었으며, 단골손님들도 믿고 찾아올 수 있었을 것이다.

어려운 일은 언제 어느 순간 닥칠지 모른다. 그럴지라도 원조맛집의 운영자들은 자신을 믿고 다시금 찾아올 손님들을 향해 여전히 똑같은 미소, 똑같은 인사를 건넨다. 이러한 우직스러움은 원조맛집의 자산이다.

원조맛집의 운영자들은 하나같이 음식점이 곧 나이고, 내가 곧 음식점이라는 마인드를 가지고 있다. 명절이나 휴일에도 손님에게 맛있는 음식 한 그릇을 대접하기 위해 문을 연다. 정신없이 바빠 식사를 거르더라도 손님들이 맛있다고 하는 칭찬 한 마디에 배가 부르다. 음식점을 자신의 삶을 담고 표현하는 또 하나의 가정으로 여긴다. 음식점의 역사는 곧 본인의 역사가 된다.

종업원의 일도 자기 일처럼 여기기 때문에 종업원들 역시 주인의식을 갖게 마련이다. 3대째 대를 잇고 있는 원조맛집 〈오장동 흥남집〉의 주방장은 이곳에서 일하는 동안 결혼도 하고 손자까지 보면서 30년 넘게 주방 일을 하고 있다.

원조맛집의 운영자들은 이익과 손익계산에 뛰어난 머리 대신 '끈기'와 '인내'를 강조한다. 마치 외식업을 창업하여 운영하는 과정은 끝이 보이지 않는 마라톤과도 같다. 그 경주의 목적은 완주를 하는 것이지, 1등을 차지하는 것에 있지 않다. 1등을 하고자 하는 마음으로만 달려간다면 중간에 뒤쳐지기라도 할 때 어차피 실패할 것이라는 생각에 지레 포기하고 만다. 하지만 달리는 과정 자체를 중시한다면, 지나치는 풍경 하나하나를 즐기며 땀과 노력을 기꺼이 투자하여 완주할 수 있다.

창업자들은 운영이 힘들어도 포기하지 말아야 한다. 자신이 믿는 것에 대한 고집은 갖되, 욕심은 버려야 한다. 그리고 음식점에서 일어나는 모든 일을 나의 일처럼 생각해야 한다. 첫 스타트의 마음을 마지막 완주의 순간까지 지켜나가는 원조 마인드를 갖추도록 하자.

창업을 꿈꾸는 당신이 기억해야 할 세 가지

1. 좋아서 해야 한다

외식업 창업은 직장생활과는 달리 좋아서 하지 않으면 계속해 나가기가 어렵다. 직장에서는 시키는 일을 하며 적당히 눈치껏 행동하면 크게 문제될 것이 없지만, 장사는 본인이 결정하고 실행한 것으로 1인 3역을 해도 모자라는 경우가 많다. 본인이 좋아서 하는 일이 아니라면 금방 싫증이 날 것이다. 바꾸어 생각하면 자신이 좋아서 하는 일이라면 아무리 힘들어도 불평 없이 잘 할 수 있게 마련이다. 얼굴에는 항상 즐거움으로 미소가 가득할 테니 고객이나 직원이나 보는 입장에서도 즐거워 음식 맛도 한결 더 맛있어질 것이다.

2. 외식사업의 가치관을 다시 생각하자

음식은 만드는 사람의 정신상태에 따라 맛이 달라진다. 자신이 하는 일이 가치 있는 일이라고 생각하면 정성이 들어가기 때문이다. 매뉴얼대로 음식을 만들더라도 맛은 제각각이다. 이는 매뉴얼을 제대로 지키는 사람과 그렇지 않은 사람이 있기 때문으로, 좋아서 일을 하는 것과 그렇지 않은 것의 차이에서 오는 것이다. 음식을 연구하는 자세로 한 가지 한 가지 만드는 것과 노동으로 생각하고 만드는 것과는 큰 차이가 난다는 말이다.

3. 이타심을 전염시키자

원조맛집은 혼자만 잘 살고자 하는 이기심이 아니라 주위 사람들과 함께 잘 살아가고자 하는 이타심을 늘 염두에 두고 장사를 한다. 하다 못해 지나가는 걸인에게조차 인격적으로 대우한다. 원조맛집이 지역사회에 베푸는 따뜻한 마음은 주위를 훈훈하게 하고, 종업원들과 운영자가 하나가 되어 움직이는 원동력이 된다.

2장

대를 이어가는 깊은 맛

– 원조의 맛을 그 누가 흉내 내랴

원조마복림할머니집
며느리도 모르는 맛의 비밀

"우리 집 장맛은 아무도 몰러, 며느리도 몰러!"

90년대 초에 TV 광고에 나온 한 할머니의 말이 유명세를 탄 일이 있었다. 고추장 CF에 삽입되었던 이 카피는 그 해의 유행어가 될 정도로 화제를 모았다.

이 광고에 등장했던 할머니는 1953년 중구 신당동에서 노점상으로 시작해 떡볶이골목의 원조집인 〈원조마복림할머니집〉을 일구어낸 마복림 할머니다. 연로하셔서 지금은 가게에 잘 나오지 않지만 한창 TV 전파를 탈 때만 해도 가게를 지켰고, 〈원조마복림할머니집〉은 최고의 전성기를 구가했다.

그렇다면 며느리도 모르는 마복림 할머니의 맛의 비결은 무엇이었을까?

　많은 창업자들이 어떻게 다른 음식점들보다 더 뛰어난 맛을 선보일지, 어떻게 손님을 끌어들일 수 있을지를 고민한다. 음식 맛에 있어서 남들은 따라올 수 없는 그 집만의 실력과 자부심을 보유하는 것은 식당의 성패를 좌지우지 하는 중요한 사안이다. 누구도 따를 수 없는 그 실력과 자부심의 결과물인 음식이 손님들에게 인정을 받을 때부터, 그리고 그 음식 맛의 비밀을 많은 사람들이 알고 싶어할 때부터 당신의 식당도 원조맛집으로 성공할 수 있는 길의 초입에 들어섰다고 할 수 있다.

　〈원조마복림할머니집〉은 하루에만 500~600명의 손님들로 문전성시를 이룰 만큼 인기가 대단했다. 곳곳의 음식점들이 장사가 안 되어서 문을 닫거나 주위에 있는 신당동 떡볶이골목 일대의 일부 떡볶이 집들이 하루가 멀다고 주인이 바뀌는 것과는 사뭇 대조적이었다. 그 비결은 바로 '맛'이었다.

　많은 사람들이 할머니의 장 맛의 비밀을 알고 싶어했다. 하지만 마복림 할머니는 그 누구에게도 장 맛의 비밀을 알려주지 않았다. 심지어 현역에서 물러나기 전까지는 며느리들에게조차도 함구하고 있을 정도였다. 세 며느리들이 떡볶이집을 물려받아 운영하고 있는 지금은 그 비밀이 일부 밝혀졌는데, 그 비밀은 바로 할머니가 개발한 소스에 있었다. 찹쌀고추장에 시중에서 파는 춘장과 마늘,

다시다, 고춧가루, 후춧가루를 섞어 원조 떡볶이의 맛을 냈던 것이다. 지금은 이 방법으로 떡볶이를 만드는 것이 많이 보편화되어 있지만, 오직 고추장 하나로 떡볶이 맛을 냈던 당시로서는 매우 획기적인 것이었다.

소스가 만들어진 배경에는 할머니의 꼼꼼한 관찰이 있었다. 전통 고추장을 사용한 떡볶이를 손님들이 맵게 느낀다는 데 착안해 그 매운 기를 중화시키기 위해 고추장에 춘장을 섞어 소스를 만들었던 것이다. 고추장의 매콤한 맛에 춘장의 고소한 맛이 어우러지자 그 독특한 떡볶이 맛은 순식간에 손님들의 입맛을 사로잡게 되었다.

하지만 소스의 비밀이 널리 알려졌다고 하여 이것만으로 원조 떡볶이의 맛을 낼 수 있다거나 비슷하게라도 성공할 수 있다는 생각은 금물이다. 이 맛의 비밀 외에 반드시 더해져야 할 것이 있다.

할머니의 둘째 며느리 김선자 사장은 "신당동 떡볶이 맛의 비결이 춘장을 곁들인 소스에 있다는 것을 모르는 사람은 없다. 하지만 우리집 떡볶이 맛의 진짜 비밀은 어머님께서 50년 동안 한결같이 지켜온 손맛에 있다"고 말한다.

대부분의 원조맛집 창업자들은 뛰어난 '손맛'을 지니고 있었다. 창업자가 음식을 만들지 않았던 경우에는 주방을 맡았던 이의 음식 솜씨가 남달랐다. 그리고 이들은 평소 자신들이 즐겨 만들어 먹던 음식을 메뉴로 정해 식당을 여는 경우가 많았다. 바로 이들의 '손맛'이 수십 년의 세월과 어우러지면서 다른 어떤 집에서도 맛볼 수 없는 원조의 맛이 태어날 수 있었던 것이다.

마복림 할머니는 10여 년 전 며느리들에게 자리를 물릴 때까지도 주방을 직접 지키며 떡볶이 소스와 물, 야채 등의 배합을 모두 손수 했다. 우후죽순처럼 떡볶이 집이 들어서기 시작한 신당동 떡볶이 골목이었지만 〈원조마복림할머니집〉은 할머니의 손맛 덕분에 계속 '원조'의 자리를 굳건히 지킬 수 있었다.

창업을 해서 성공에까지 이르기 위해서는 식당이건 아니면 다른 어떤 분야에서건 최고의 전문가가 되어야 한다. 아니 그 분야에서 더 파고들어가 '이 기술 하나만큼은 내가 최고'라는 자부심과 실력을 갖추고 있어야 한다. 그러나 훌륭한 '손맛'을 갖는 것은 쉬운 일이 아니며, 처음부터 그런 능력을 가지고 태어나는 사람은 없다. 자신이 가지고 있는 감각에 수많은 노력과 끈기, 땀이 있어야만 이룰 수 있는 것이다.

맛 관리가 핵심이다

음식점 창업자는 맛을 중요하게 생각해야 한다. 음식점 최대의 상품은 요리의 '질'이다. 100명이 먹고 100명이 모두 맛있다고 인정하는 맛이란 세상에 존재하지 않지만, 어쨌든 '맛'에 자신이 없으면 안 된다.

보통 음식점을 개업하면 초기에는 맛에 신경을 쓰지만 어느 정도 시간이 지나면서 자연스레 맛에 신경을 덜 쓰게 된다. 그러나 시간이 지나면서 고객이 진정으로 맛있다고 느끼고 있는지를 꾸준히 체크하는 자세가 필요하다. 방법은 간단하다. 음식을 남기는가 아닌가를 살펴보면 된다.

흔히들 주방장을 두고 음식점을 운영하면 매출이 많이 오를 것으로 생각하고, 고임금의 주방장을 고용해서 영업을 한다. 매출이 원하는 만큼 오르면 주방장을 그대로 두지만, 그렇지 않은 경우에는 고임금의 주방장을 해고하고 부 주방장급의 사람을 들여 영업을 하는 경우가 많이 있다. 이런 경우 맛은 어떻게 될까? 불을 보듯 뻔한 일이다.

예상매출에 원가와 인건비, 임대료, 제경비 등을 제외하고 순이익이 얼마가 남을 것인지가 창업 전에 먼저 분석되지 않으면 피치

못하게 고임금의 주방장을 쓰다가 해고하는 사태가 생기게 되고,
주방장이 바뀌면서 맛이 바뀐 것 같다는 소리를 듣게 될 것이다.
결국 손님들은 두 번 다시 점포를 방문하지 않게 될 것은 뻔한 일
이다.

한 우물만 파라 I

손님들이 많이 찾는 고깃집은 대체로 고기 메뉴가 많은 곳보다는 전문점이다. 예컨대, 돼지갈비살 전문점, 삼겹살 전문점, 한우등심 전문점 등처럼 말이다. 쉽게 생각하면 메뉴가 많으면 많을수록 손님 입장에서는 선택의 폭이 넓어지고 자기 취향대로 먹을 수 있으니 장사가 더 잘 될 것 같다. 하지만 실제로는 그렇지 않다.

메뉴가 많다는 것은 그만큼 그 집만이 자신 있게 내놓을 수 있는 음식이 없다는 것을 의미하기도 한다. 고기 메뉴가 다양하다는 것은 그 집의 얼굴이 되는 고기 메뉴가 없다는 것이다. 물론 규모가 큰 점포라면 고객의 요구에 맞는 메뉴 구성을 해야만 수익성을 보장받을 수 있다. 입지에 따라서도 전문점으로 운영할 것인가, 복합

점으로 할 것인가가 정해진다. 벤치마킹을 했던 점포가 잘 된다고
해서 입지가 다른 곳에서도 잘 된다고는 보장할 수 없다.

〈오장동 흥남집〉은 1953년부터 3대째 내려오는 전통 있는 함흥
식 냉면집으로 흔히 "할머니집"이라 불린다. 흥남에서 내려와 오
장동에서 처음 냉면집을 시작한 창업주 고 노용언 할머니에 이어
딸인 권기순 씨가 운영했고, 지금은 그 아들인 윤재순 사장이 가업
을 잇고 있다. 〈오장동 흥남집〉은 오장동 냉면골목에서 영업을 하
고 있는 수많은 냉면집들 가운데 함흥식 냉면 맛의 원조로 인정받
고 있다.

〈오장동 흥남집〉이 선보이는 메뉴는 함흥냉면이다. 한우 사골만
을 푹 고아 만드는 육수의 깊은 맛과 고구마 녹말로 뽑아내는 가늘
고 질긴 면발 그리고 투박하게 썰어서 내놓는 새콤한 홍어회의 톡
쏘는 맛이 일품이라 계절에 상관없이 늘 손님들로 가득하다.

냉면이라는 한 가지 메뉴를 취급하고 있기 때문에 기본 재료가
되는 고춧가루와 참기름에 더더욱 많은 신경을 쓰고 있으며, 가장
좋은 질의 고춧가루와 참기름을 사용하고 있다. 또 식당 안에는 참
기름과 겨자, 식초, 설탕, 양념장을 입맛에 맞게 넣어먹는 것이 더
맛있다며 '냉면 맛있게 먹는 법'을 상세히 적어두는 등 늘 손님들
에게 최상의 식사를 대접하려 한다.

〈오장동 흥남집〉은 회냉면, 물냉면, 비빔냉면, 섞음냉면 등의 메

뉴가 있다. 비빔냉면은 그 안에 쇠고기가 들어가고, 회냉면에는 홍어회가 들어가는데, 섞음냉면에는 말 그대로 쇠고기와 홍어회가 함께 들어간다. 이처럼 하나의 메뉴라고 할지라도 그 메뉴 안에서 다양한 메뉴를 뽑아낼 수 있다는 것은 손님들로 하여금 어떤 메뉴를 시켜도 만족하고 믿을 수 있다는 신뢰감을 준다.

외식업체가 실패하는 주요 원인 중 한 가지는 메뉴가 복잡하다는 것이다. 너무 많은 메뉴로는 성공하기 어렵다. 음식점의 얼굴이 될 수 있는 메뉴를 골라 전문화하고, 그 메뉴의 재료를 벗어나지 않는 범위에서 하위 메뉴를 확장함으로써 음식점의 특성과 개성을 만들어내야 한다.

특히 규모가 작은 음식점일수록 메뉴의 가짓수가 적은 것이 좋다. 메뉴가 적을수록 조리작업의 능률을 높이고, 적은 인원으로도 신속한 조리가 가능해진다. 즉, 욕심을 버리고 메뉴를 전문화하는 것은 음식의 맛과 질을 높일 수 있고, 조리시간도 단축시킨다. 음식 재료의 낭비도 줄어들어 원가절감 효과도 얻을 수 있다.

메뉴 선정이 일관성 있게 유지될 때, 그것은 음식점의 개성으로 이어질 수 있다. 개성이 있는 음식점만이 손님의 입소문을 끌어내어 성공하는 맛집 반열에 오를 수 있는 것이다.

메뉴 선정
– 음식점의 얼굴이 될 수 있는 몇 가지 전문메뉴를 골라라

많은 메뉴의 문제점	적은 메뉴의 좋은 점
맛과 질에 문제가 생긴다	최고의 맛을 낼 수 있다
음식을 만드는 시간이 오래 걸린다	조리 시간이 빠르다
음식 재료가 많이 들어 음식 재료 값이 높아진다	음식 재료 구입비가 감소한다
인력이 많이 필요해서 인건비가 높다	인건비가 절감된다
전문성이 결여된 이미지를 준다	전문점이라는 이미지를 준다

* 위의 표는 점포의 입지와 규모에 따라서 상이할 수 있다.

한 우물만 파라 Ⅱ

〈청진옥〉은 67년을 이어온 해장국의 명가(名家)이다. 고 최동선 옹은 1937년 일본인의 차별을 견디다 못해 직장을 그만두고 〈청진옥〉을 생업으로 선택했다. 벽마다 가득 찬 빛바랜 사진과 기사들이 그 오랜 역사를 보여준다.

"광주성(남한산성) 내에서는 효종갱(曉鍾羹)을 잘 끓인다. 배추속대 콩나물 송이와 표고버섯, 쇠갈비, 해삼, 전복을 초장에 섞어 종일 푹 곤다. 밤에 이 항아리를 솜에 싸서 서울로 보내 새벽종이 울릴 때면 재상집에 이른다. 국 항아리가 아직 따뜻하고 속풀이에 더없이 좋다."

1920년대 최영년(崔永年)이 지은 『해동죽지(海東竹枝)』에 나오는 설명이다. 양반들이 즐겼다 하여 일명 "양반장국"으로도 불리는 효종갱은 해장국의 일종으로, 새벽종이 울릴 때 서울에서 받아먹는 국이라는 뜻이다. 재상집에 뇌물로 바쳤을 만큼 맛이 기가 막혔던 것 같다. 예나 지금이나 술기운을 잡는 데는 해장국이 그만인 것이다.

〈청진옥〉의 해장국은 보통사람들의 허기를 달래주는 음식으로 출발했다. 처음에는 손님들에게 국밥과 술국을 내놓았고, 해장국 격인 술국은 안주로 무료로 제공했다. 해장국은 알칼리성 식품에 가깝기 때문에, 소화흡수가 빠르고 과음으로 지친 위의 기능을 회복시켜 주는 효과가 큰 음식이다.

〈청진옥〉은 신선하지 못한 재료들은 쓰지 않는다. 마장동 도살장에서 선지를 가져왔었는데, 지금은 도살장들이 서울 외곽으로 다 빠져 오산에 있는 도살장에서 구해온다. 푸석푸석해지지 않도록 도살장에서 받은 피에다 바로 가엽(가공)을 해서 야들야들한 차선지를 만들어 온다. 콩나물은 〈청진옥〉에 납품하는 업자가 농장에서 새벽에 매일 가져다준다. 배추우거지는 청량리 야채시장에서 직접 눈으로 보고 골라 사와서, 바로 삶는다.

〈청진옥〉은 이처럼 좋은 재료로 맛있는 음식을 만드는 것 말고도 손님에게 인심이 후하기로 유명하다. 가령, 먹다가 국물이 모자라면 얼마든지 더 먹을 수 있다.

〈청진옥〉의 선지해장국은 1대 창업자였던 최 옹의 안주인 이 여사의 손맛에서 시작되었다. 지금도 상세한 조리법이 밝혀지지는 않았지만 어느 정도 알려진 맛의 비밀로는 첫째, 토종 된장을 풀어 선지의 누린내를 없애고, 둘째는 신선한 소의 피에 소금과 물을 알맞게 배합해 맛있는 선지를 만들고, 셋째는 알맞게 잘 삶아 씹는 맛이 찰진 선지를 내놓는 것이다.

〈청진옥〉은 대물림하여 현재 3대 사장이 운영하고 있으며, 처음부터 지금까지 오직 '해장국'이라는 한 가지 메뉴로 무려 70여 년 동안 장사를 해왔다. 그동안 3명의 사장은 다른 메뉴로 바꾸거나, 경기가 불안하다고 해서 업종을 바꾸겠다는 일은 생각조차 해본 적이 없다.

〈오장동 흥남집〉은 함흥냉면에 비빔냉면, 물냉면, 섞음냉면 등 몇 가지 메뉴를 갖추고 있지만 〈청진옥〉은 오직 해장국 하나이다. 그래서 광우병 파동 때에는 손님들의 발길이 뜸해져서 어려움을 겪기도 했다. 〈청진옥〉에서는 수입 소의 선지를 쓰지 않음에도 사회적으로 팽배해있던 경계심을 피해갈 수는 없었던 것이다.

하지만 단골손님들은 〈청진옥〉에 대한 신뢰를 저버리지 않았다. 그동안 한 가지 메뉴로도 충분히 많은 손님들을 끌어 모을 수 있었던 비결 중 하나는 〈청진옥〉이 고객들의 '사랑방' 역할을 했다는 것이다. 단골 고객들이 많기 때문에 따로따로 밥을 먹으러 왔다가도 아는 사람을 만날 때가 많다. 평일에는 주로 직장인들의 차지가 되지만, 주말에는 근처 주민들이나 단골들이 몰려와서 그간 볼 수 없었던 사람들을 만나 나누지 못했던 이야기를 하면서 정겨운 시간을 보내다가 돌아간다. 음식점에서 음식을 먹는 것보다 서로의 안부를 묻고 이야기를 하는 데 더 많은 시간을 들이는 것이다.

〈청진옥〉을 사랑방 삼아 드나들던 가장 오래된 손님은 현재 100세가 넘은 이을식 옹이다. 광복 전에는 이광수, 최남선 등 문인들이 자주 찾았고, 광복 후에는 이서구, 조풍연, 김승호, 이예춘, 김정구, 고운봉, 현인 등 문화 예술인들도 소주 한 잔에 해장국을 들면서 피로를 풀곤 했던 역사 깊은 원조집이다. 이와 같이 사람들의 사랑방 구실을 톡톡히 했던 〈청진옥〉이기에 사람들이 좋아하고, 찾을 수밖에 없는 명소가 된 셈이다.

〈청진옥〉은 손님과의 약속을 철석같이 지키는 것으로도 유명하다. 특히 연중무휴로 운영되는 점이 그러하다. 1대 사장이 손님들에게 약속한 것이 바로 "연중무휴 24시간 영업"이었고, 그 약속을 한 이래로 단 하루도 쉬지 않고 불을 밝혀 영업을 해왔다. 1대 사장의 부인이 돌아가셨을 때도 발인 날 잠깐 문을 닫았을 뿐 장사를 계속 했고, 명절 때도 물론 장사를 했다. 하루에 단 한 명의 손님이 오더라도 약속과 신뢰는 지킬 줄 아는 〈청진옥〉의 변함없는 모습을 고객은 사랑하지 않을 수 없는 것이다.

　이처럼 〈청진옥〉은 해장국의 맛도 맛이지만, 그 맛을 더욱 훌륭하게 만들어주는 깊이 있는 서비스로 손님들에게 다가간다. 〈청진옥〉처럼 그 맛과 함께 손님들에게 신뢰를 더 얹어줄 수 있다면 금상첨화일 것이다.

손님의 취향과 기호를 데이터베이스화하라

　음식점을 찾는 손님 모두가 자신이 소중한 고객이라고 느끼도록 손님들이 미처 생각하지 못한 부분까지 세심하게 신경쓰자. 그러기 위해서는 손님의 취향과 기호를 분석한 데이터베이스를 구축해 두자. 맛있는 음식을 먹는 것도 즐거운데 사장이 내 음식점 방문횟수와 주기, 좋아하는 음식, 좋아하는 자리, 생년월일 등을 꼼꼼하게 알고 안부를 묻거나 기념일을 챙겨준다면 분명 특별한 대우를 받는다고 생각할 것이다.

　기념일을 챙길 때에도 흔한 기념품이나 선물이 아니라, 그 사람의 직업이나 취미, 기호에 맞게 준비하여 '정말 나를 위한 선물이구나', '세심한 배려를 했구나'를 고객이 느낄 수 있도록 해야 한다.

데이터베이스는 언제든지 열어보고 참고할 수 있어야 하며, 이를 컴퓨터 시스템을 통해 더 구체화시켜야 한다. 손님들을 향한 이와 같은 차별화 전략은 차곡차곡 그 힘이 쌓여 큰 경쟁력으로 발휘될 것이다.

맛의 창조를 통해 전문 식당으로 거듭나라

강남구 역삼동에 자리 잡고 있는 원조맛집 〈모리화〉는 서울에서 가장 유명한 중국 음식점 가운데 하나이다. 연남동에서 27년 동안 〈향원〉이라는 이름으로 영업을 하다가 2003년 역삼동으로 이주했다. 화교 2세인 〈모리화〉의 이향방 사장은 초등학교 시절부터 중국 음식점을 운영하던 외할머니에게 중국 음식 만드는 법을 배웠다. 워낙 주변에서 음식이 맛있다는 칭찬을 많이 듣다보니 어린 마음에도 재미도 생기고 자신감이 붙었다고 한다. 특히 이 사장은 한번 맛본 음식은 자신만의 조리법으로 새로운 음식을 창조해내는 능력이 탁월했다.

패션쇼를 열 정도로 디자이너로서의 감각도 뛰어났던 이 사장은 패션디자이너를 꿈꾸기도 했지만, 곧 국내 최고의 중국요리 전문가가 되기로 결심했다. 그녀는 중국요리에 대한 남다른 애착과 자신감으로 1979년 〈향원〉이라는 정통 중국 요리점을 열었다.

삼선누룽지탕을 모리화차와 함께

창업 당시 〈향원〉은 자장면을 팔지 않는 중국 요리점으로 유명했다. 모든 중국집의 주 메뉴인 자장면을 팔지 않는 대신, '삼선누룽지탕'을 개발해 대표 메뉴로 선보였다. 이 요리는 뜨겁게 튀겨낸 누룽지에 각종 해산물과 야채를 볶아넣고 녹말소스를 부어 먹는 음식으로, 다른 중국 음식에 비해 특히 담백한 것이 특징이다.

삼선누룽지탕에서 가장 중요한 재료는 찹쌀로 만든 누룽지다. 멥쌀로 만든 누룽지는 기름에 튀기면 밥알이 다 풀어지고, 찹쌀과 같이 부드러운 맛이 없다. 막 튀겨낸 찹쌀 누룽지에 따근하게 데운 소스를 즉석에서 부어주면, 소스가 누룽지에 스며들면서 "칙" 하는 소리가 난다. 이것이 시각과 청각을 함께 자극해 한결 음식 맛을 돋운다.

이 사장은 대만에서 먹어본 중국 전통요리 삼선누룽지탕을 한국인의 입맛에 맞게 개발해내어 국내에 첫 선을 보였다. 삼선누룽지탕은 대박이 났고, 3년 만에 전국의 중식당으로 퍼져 나갔다. 덕분에 정계의 고위 공직자들이나 중국과 대만 외교관들이 자주 찾는 명소가 되었다. 4명의 전직 대통령들도 단골이었다.

<모리화>는 맛도 맛이지만 중국집의 상징이나 다름없는 자장면을 취급하지 않는 대신 새로운 요리를 식당의 간판 메뉴로 내놓은 이 사장의 강단 있는 결정이 성공의 비결이 된 셈이었다. 당장 고객을 많이 끌어 들이기보다는 최상의 음식 재료로 음식의 맛을 향상시켜서 한 번 방문한 손님을 영원한 고객으로 만드는 것이 이 사장의 영업 전략이었다.

또 하나, <모리화>에서는 다른 중국집에서 볼 수 없는 '모리화차'를 맛볼 수 있다. 각 식탁에는 모리화(자스민) 봉오리가 들어있는 큼직한 와인 잔이 하나 놓여있다. 손님이 테이블에 앉으면 종업원이 와서 와인 잔에 뜨거운 물을 가득 부어준다. 잠시 시간이 흐르면 손님들은 눈앞에서 희한한 광경을 목격하게 된다. 와인잔 안의 모리화 봉오리가 물 속에서 천천히 벌어지는가 싶더니, 어느새 잔에 꼭 알맞게 활짝 꽃을 피우는 것이다. 이것이 바로 <모리화>가 자랑하는 모리화차이다. 이는 중국에서 공수해온 것인데, 맛도 맛이지만 모양이 참 예쁘다.

모리화차는 와인 잔에 담겨 모든 손님에게 제공되면서 <모리화>의 마스코트 역할을 한다. 개점 후 명실상부한 국내 최고의 중국요리 전문가로 성공한 이 사장은 <이향방 중국요리 전문학원>을 설립했다. 전문요리사부터 유명인사의 자제, 가정주부, 학생에 이르기까지 많은 사람들이 고급 중국요리의 비법을 익히기 위해 학원 수강을 마다하지 않는다. 10여 년의 역사를 자랑하는 국내 최고의 중국요리 전문학원으로서, 그동안 배출한 제자만도 수천 명에 이르며 제자들 중에는 요리 관련 교수를 비롯해 중국요리를 이용해 창업한 이도 수없이 많다.

이 사장은 지금도 1년의 반 정도는 중국에 드나들면서 새로운 요리를 찾아다니고 있다. 예전에는 중국에서 10가지 요리를 먹으면 그 가운데 5가지가 새로운 요리였지만, 요즘은 200가지를 먹어도 1가지 정도만 새로운 것이라고 말할 정도로 중국 본토의 중화요리를 꿰뚫고 있다.

현재 그녀가 만들 수 있는 중국요리는 3,000가지 정도에 이르지만, 결코 현재의 성공이나 안락한 삶에 안주하지 않는다. 환갑을 바라보는 나이가 믿기지 않을 정도로 왕성하게 새로운 요리, 새로운 맛을 창조하기 위해 세계 곳곳을 다니며 노력하고 있다.

음식을 새롭게 만들어낸다는 것, 즉 맛의 창조는 식당을 운영하는 사람들 특히 새롭게 식당 문을 열려고 하는 사람들에게는 중요한 성공의 열쇠이다. 이미 오래 전부터 유명해진 다른 식당의 음식 맛을 모방하거나 흉내 내는 전략으로는 성공 창업의 길은 요원하다.

실제로 어느 식당에서라도 먹을 수 있는 평범한 음식이나 다른 음식점의 맛을 배워서 창업을 하다 보면 우선은 상권이나 입지에서부터 제약이 따른다. 이런 집들은 대체로 사무실이 밀집한 지역에서 주변 직장인들을 상대해야 하기 때문에 비슷한 식당들이 모여 있는 곳에서 치열하게 경쟁을 해야 한다.

하지만 새로운 아이디어와 맛을 더해 이전까지 어느 집에서도 시도해본 적이 없는 음식을 시작한다면 상권과 입지 조건을 선택하는 데 있어서도 훨씬 유리하다. 일단 맛으로 좋은 평가가 나기 시작하면, 그 집에서만 먹을 수 있는 음식을 찾아 아무리 멀리 떨어져 있는 손님이라도 찾아오게 할 수 있는 힘이 생기기 때문이다.

문세진의 실전창업노트 7
메뉴 개발

메뉴를 개발한다는 것은 어려운 일이며 오랜 경험과 공부가 많이 필요한 일이다. '새뱅이 매운탕'이라는 메뉴로 큰 인기를 얻은 〈경북집〉이라는 음식점이 있다. 처음에는 음식 솜씨만 믿고 음식점을 시작했다가 주변의 경쟁업체와 차별화되는 점이 없어 적자를 면치 못했다. 그러다가 2년 정도 지나면서 메뉴를 차별화하고 단골을 확보하기 위해 충북 음식과 경북 음식의 복합화를 꾀하여 보자는 생각을 하게 되었다.

〈경북집〉 사장은 시장에서 생선을 팔고 있는 아주머니들이 생선을 요리하는 것을 보고 아이디어를 얻어, 연구에 연구를 거듭하였다. 여기 저기 다니며 음식을 연구하고, 어떻게 해야 손님이 좋아할지 연구하고, 나이 지긋한 손님과 정부기관에서 오신 손님들에게 조언도 구하면서 점차 자신감을 얻고 이 메뉴라면 성공하겠다는 확신이 들었다.

 프로가 되기 위해서는 이처럼 끊임없는 공부가 필요하다. 또한 경험과 자기계발도 뒷받침되어야 한다. 끊임없이 자신을 발전시키고자 노력하는 자만이 외식업계에서도 살아남을 수 있다는 사실을 명심하자.

최상의 재료, 최상의 맛

최상의 맛을 내기 위해서는 최상의 음식 재료를 사용해야 한다. 유명 외식 프랜차이즈이든지 작은 음식점이든지 모든 외식 사업의 중요 성공요인은 최상의 재료와 그로부터 비롯된 맛이다. 하지만 실제 음식점을 창업한 사람들을 보면 이 기본 원칙을 지키지 못하는 곳이 많은 것이 현실이다.

음식의 요리기술이나 레시피는 요리에 모양을 내고 맛을 좀 더 가미하는 것에 지나지 않지만, 최상의 식자재는 그 음식의 질을 향상시키는 데 결정적인 역할을 한다. 음식점 창업자는 항상 내 식구가 먹는 것 같은 최상의 식자재를 사용해야 하며, 고객 만족을 위한 최상의 재료를 사용하는 것이 외식사업에서 성공하는 지름길이라는 것을 기억해야 한다.

 더운 여름이 오면 어김없이 찾게 되는 음식이 삼계탕이다. 한여름에는 체온이 올라가는 것을 막기 위해 피부 근처에 많은 혈액이 모이기 때문에 내장과 근육의 혈액 순환이 장애를 받아 식욕 부진, 피로 등의 증상이 나타나기 쉽다. 이때 닭고기에 찹쌀, 밤, 대추, 마늘 그리고 인삼을 같이 넣고 끓이는 삼계탕을 먹으면 단백질과 아미노산이 풍부하고 소화 흡수가 잘 되어 원기 회복에 도움이 된다.

 대한민국의 대표적인 전통 보양식이라고 할 만한 삼계탕을 대중화시키고, 계삼탕과 혼용되어 쓰이던 삼계탕이라는 용어를 정착시키는 데 앞장선 삼계탕의 원조집이 있으니, 바로 40년 전통의 〈고려 삼계탕〉이다. 1960년, 명동 입구에서 시작한 〈고려 삼계탕〉은 현재 중구 서소문동으로 옮기고 건물을 리모델링해서 외관부터 시선을 끄는 명소로 거듭났다. 1층에서 5층까지는 현대적인 감각과 전통적인 아름다움을 조화시켜 깔끔하고 세련된 공간을 연출했고, 6층은 전통 한옥의 멋스러움을 그대로 살려 옛 향기가 가득하다.

〈고려 삼계탕〉의 장수비결은 남다른 음식 재료와 정성, 이 두 가지에 있다. 이는 최상의 식자재를 통해 최고의 맛을 선보이겠다는 이준희 사장의 철학 때문이기도 하다. 그는 재료 선정에서부터 남다른 모습을 보인다.

우선 가장 중요한 재료인 닭은 부화한 지 49일쯤 된 토종 수탉만을 엄선해서 매일 직거래를 통해 제공받고 있다. '웅추(雄雛)'라는 이름으로 불리는 이 영계 수탉은 육질이 단단하면서도 쫄깃하고 부드럽기 때문에 소화가 잘 되고, 기름이 적기 때문에 담백한 육수와 고기 맛을 낸다.

일반 육계는 조금만 오래 끓이면 고기가 퍼져버리지만 웅추는 3시간 반에서 4시간을 끓여도 육질이 쫄깃쫄깃하게 유지되기 때문에 뼛속의 골수까지 우려낼 수 있다. 뼈를 씹어 먹어도 될 정도이다. 웅추를 일반 닭과 쉽게 구별할 수 있는 방법은 두 가지가 있다. 우선 다리가 가늘고 길다는 것, 그리고 웅추는 가슴뼈가 산처럼 솟아 있다.

〈고려 삼계탕〉은 다른 삼계탕 집과 다르게 주재료인 닭 이외에도 각별한 신경을 쓰고 있는 다양한 재료들이 있다. 삼은 쌉쌀한 맛이 강한 금산 삼을 고집하고 있고, 그밖에 여름철 특히 땀을 많이 흘릴 때 허약체질에 좋다는 황기, 혈액순환과 관절염에 특효인

오가피, 비린내를 없애는 데 좋은 해동피 등이 부재료로 쓰인다. 밤과 은행은 계절에 따라 재료의 질 차이가 심해 아예 사용하지 않고 있다.

〈고려 삼계탕〉의 맛의 노하우는 이렇게 엄선된 재료를 사용하는 것과 함께 3단계에 걸쳐 화력을 조절하면서 오랜 시간 정성껏 끓여내는 데 있다. 불의 강약을 조절해가며 고기 형태가 흐트러지기 직전까지 삶아내는 것이 맛의 노하우라고 이 사장은 강조한다. 우선 1단계 강한 불로 1시간에서 1시간 20분 정도를 끓이는데, 이 단계에서는 재료를 익히고 필요 없는 기름과 불순물을 제거한다. 그 다음 2단계에서는 중불로 재료에 간을 배게 한다. 재료의 양에 따라 시간의 차이가 조금 있지만 보통 1시간 정도 소요된다. 마지막은 진국의 육수를 뽑아내기 위한 단계로 고기의 육질을 부드럽게 하면서 육수의 깊은 맛을 내기 위해 1시간 정도 약한 불에서 끓인다.

이처럼 최상의 음식 재료로 만들어 내는 맛은 삼계탕을 대중화시키는 데 결정적으로 기여함과 동시에 〈고려 삼계탕〉을 성공한 원조맛집의 대열에 올려놓았다. 음식점 창업을 희망하는 사람들은 반드시 기억하자. 최상의 맛은 어떤 요리기법이나 기술이 아닌 최고의 음식 재료와 정성에서 비롯된다는 것을 말이다.

음식 재료 확보 및 관리

외식산업의 실체를 이해하기 위해서는 음식 재료의 조달이라는 요소를 이해하여야 한다. 큰 외식업체나 체인업체라면 자사의 유통부서에서 별도로 대량 구매하여 배송한다. 이때는 음식 재료의 전 아이템을 기계에 등록하고, 음식이 팔리는 상황에 따라 발주하는 것이 좋다.

작은 음식점이라면 직접 시장에서 음식 재료를 구매하지만, 생산지에서 직접 알아보고 구매하는 방법도 있다. 생산지에 가서 중간 소개업자가 개입하여 구매를 하는데, 전문 레스토랑에서는 음식 재료 담당자가 생산자와 직접 상담하여 구매하는 경우도 많다.

식품회사와의 판매루트도 있다. 아이스크림, 맥주, 콜라 등의 청량음료와 빵 등은 식품회사에 따라 판매망이 확보되어 있다. 회사가 그 식품 취급 소매점과 외식점 등을 직접 순회하면서 상품을 공급하는 것이다.

음식 재료는 조달 방법과 공급 형태 등이 워낙 복잡하고 다양하다. 외식업을 시작하고자 하는 사람이라면 무엇보다도 음식 재료에 관한 한 실무는 물론 이론적으로도 많은 연구와 노력을 해야 한다. 인터넷이나 책, 신문, 창업 관련 잡지, 음식 관련 잡지뿐만 아

니라 동일 업종에 종사하는 사람들을 통해서도 다양한 정보를 얻
을 수 있다. 올바른 정보가 원가를 낮추게 되며, 좋은 음식 재료를
사용할 수 있는 기본 바탕이 된다.

기존 메뉴에 새로움을 더하라

음식점은 20%의 히트 메뉴가 매출의 80%를 올린다. 메뉴 하나만 잘 기획하면 매출을 크게 늘릴 수 있다는 말이다. 하지만 히트 메뉴가 그냥 생기는 것은 아니다. 독특한 국물 맛을 개발하기 위해 몇 달씩, 아니 몇 년씩 집안에만 틀어박혀 육수를 끓이고 버리기를 반복하는 것은 예사이고, 원조맛집에서 맛을 전수받기 위해 삼고초려도 불사해야 한다.

신메뉴를 개발하는 것은 결코 쉬운 일이 아니다. 그런데 신메뉴가 아니더라도 기존의 메뉴를 조금만 달리 생각하면 독특한 메뉴를 개발해낼 수 있다. 비빔밥 전문점인 〈전주중앙회관〉은 이를 보여주는 훌륭한 사례이다.

<전주중앙회관>은 '전주곱돌비빔밥'라는 메뉴를 개발하여 성공한 원조맛집이다. 남궁성 사장의 어머니 구화엽 씨가 1950년대에 전주 역전에 비빔밥 음식점을 열었던 것이 그 시초였고, 남 사장은 제대 후부터 어머니의 음식점을 적극적으로 거들기 시작했다.

당시에는 비빔밥을 뚝배기나 대접, 놋그릇에 만들어 먹었다. 하지만 그렇게 먹으면 맛은 있지만 음식이 금방 식어 버리는 단점이 있었다. 남 사장은 비빔밥의 영양은 더하면서 맛있게, 뜨거운 상태로 오래 먹을 수 있는 방법이 없을까에 대해 꾸준히 연구했다. 그러던 중 지리산 밑자락에 위치한 전라도 장수마을의 '곱돌'이라는 아주 좋은 돌을 알게 되었다. 곱돌은 내열성이 뛰어나고 열전도성이 매우 좋았다.

남 사장은 그 돌로 그릇을 만들면 그릇에 열이 가해져도 영양소가 파괴되지 않고 식지도 않아 비빔밥을 맛있게 먹을 수 있겠다는 생각이 들었다. 하지만 수작업으로 일일이 다 만들려고 하니 시간이 무척 오래 걸렸다. 무려 8개월이 지난 후에야 30개 정도가 완성되었고, 그 이후에도 한참이 걸려 겨우 100개를 만들 수 있었다.

곱돌로 그릇을 만들면서 남 사장은 비빔밥을 더 맛있게 먹을 수 있는 방법 또한 연구했다. 당시에는 시금치, 도라지 등 나물에 고추장, 깨, 참기름 등을 넣어서 비벼먹는 정도였다. 그것도 물론 맛있고 고소했지만 비빔밥이 전라도를 대표하는 음식인 만큼 품격과 영양도 풍부해야 한다고 생각했다. 그래서 잣, 은행, 밤, 대추 등 어머니가 쓰지 않으셨던 재료까지 무려 27~28가지 재료를 넣어서 비빔밥을 만들었다.

곱돌 그릇에 27~28가지의 재료를 넣어 만들어진 '전주곱돌비빔밥'은 전주의 중앙회관 빌딩 4층에 다시 식당을 오픈하면서 출시되었다. 도지사와 시장 등 많은 사람들을 모아 시식을 했는데, 특이한 그릇에 담긴 음식을 먹으며 모두들 감탄을 금치 못했다. 옥돌로 만든 돌솥 위에 수북이 담겨져 나오는 전주곱돌비빔밥은 밥에 간을 하는 독특한 소스가 있다. 5년 정도 묵은 조선간장을 사골 뼈와 함께 넣고 10시간 정도 끓인다. 이것이 바로 "맛난이"라 불리는 독특하고 맛있는 소스의 비결이다.

〈전주중앙회관〉은 곧 전라도 지정 음식점이 되어 전주의 명품으로 대접받기 시작했다. 또한, 정부의 식생활개선 사업에도 일조하여 비빔밥에 국물 하나, 찬 네 가지로 간소화한 상차림으로 농림부 장관상을 수상하고 각종 언론에 대서특필되는 등 대대적인 유명세를 탔다. 서울까지 소문이 나서 전라도 정읍 내장산으로 단풍놀이를 온 관광객들이 반드시 먹고 가는 필수코스가 되었다.

전주곱돌비빔밥은 일본에서도 명성이 자자하다. 일본인들이 비빔밥을 먹어 보고는 감탄하여 일본 아사히 TV에 소개되기에 이르렀고, 방송 이후 일본 손님들도 많이 늘었다.

〈전주중앙회관〉의 성공비결은 기존의 메뉴들이 부족했던 단점들을 개선하여 새로운 메뉴를 개발해낸 것에 있었다. 〈전주중앙회관〉은 손님들이 무엇을 원하는지를 파악하고, 지역의 특성을 살리는 재료를 사용하면서 더욱 훌륭한 맛을 만들어냄으로써 성공을 거둔 것이다. 〈전주중앙회관〉의 메뉴 개발방법을 유념하면서 새로운 메뉴에 도전해 보도록 하자. 이미 시장에 너무 많이 나와있는 똑같은 메뉴를 취급하는 것보다 기존 메뉴에 새로움을 더하는 데 성공 포인트가 있다.

신메뉴 개발

1. 타깃 고객층을 좁혀서 개발하라

메뉴를 개발할 때에는 음식점의 대상고객층에 맞추어 손님이 좋아할 만한 메뉴를 개발해야 한다. 신세대를 상대로 장사를 하면서 중년들이 좋아할 재료와 음식으로 정하거나, 30대를 겨냥한 음식점을 내면서 신세대 입맛에 맞을 만한 음식을 개발하여 판매하는 것은 어리석은 일이다. 창업자는 음식점의 정확한 고객층을 반드시 파악해야 한다.

2. 손님의 마음을 읽어라

고객층을 파악한 다음에는 손님이 원하는 것이 무엇인지를 읽어
내야만 손님이 좋아할 메뉴를 개발할 수 있을 것이다. 창업자는 스
스로도 손님의 마음을 읽는 방법을 연구해야 하지만, 능력이 부족
하다고 여겨진다면 손님의 마음을 잘 인지하는 직원이나 영업 담
당자를 두고 이들과 협의를 하여 메뉴를 개발하는 것이 좋다.

3. 현시대에 맞는 건강 및 다이어트 메뉴를 개발하라

최근 화학약품 등 건강에 좋지 않은 음식 재료를 쓰는 일이 언론
매체를 통해 자주 보도되면서 음식점을 찾는 손님들은 어디를 가
나 재료에 의심의 눈길을 보내며 메뉴를 고르는 경우가 많다. 그러
므로 메뉴를 개발할 때는 최대한 건강에 좋고, 깨끗하고, 첨가물이
가미되지 않은 재료를 이용할 필요가 있다.

또한, 비만이 점점 늘어나는 추세인 현대인은 성인병의 폐해가
심각하므로 외식업체에서는 저칼로리 다이어트 메뉴를 한 가지 이
상 개발하여 고객의 요구에 부응하는 것이 좋다.

4. 기존의 음식 재료를 사용한 메뉴를 개발하라

같은 음식 재료를 사용해 메뉴를 다양하게 개발했을 때 최대의
이점은 식자재 로스 비용을 줄일 수 있다는 것이다. 식자재 로스

비용은 음식점 창업자들이 고민하는 낭비거리 중 하나이다. 이를 현저하게 줄이는 것은 경영에도 큰 도움이 된다.

5. 쇼잉(showing) 메뉴를 개발하라

쇼잉화할 수 있는 메뉴를 개발하는 것이 중요하다. 고객에게 음식의 조리과정을 보여주어 기다리는 시간의 지루함을 달래고 재미를 주는 이벤트 메뉴는 현시대 트렌드에서 요구하고 있는 것 중 하나이다.

고객의 수준이 향상되었을 뿐더러 요즈음은 양보다 질적인 면을 중요시하는 고객이 점차 증가하는 추세이다. 이제는 단순히 주방에서 조리하여 서비스하는 메뉴보다는 고객의 앞에서 바로 조리하거나 또는 고객이 직접 조리를 하는 이벤트적인 메뉴 개발이 필요하다.

고객의 앞에서 직접 조리를 하게 되면 고객으로 하여금 시각적 맛의 효과를 더할 수 있으며 조리되는 시간에 지루함을 잊게 되고 위생 또한 안전하다는 것을 보여줄 수 있다.

맛을 위해 욕심을 버려라

"맛을 위해 손님을 포기하는 음식점이 있다?"

손님이 없어 문을 일찍 닫는다면 안타까운 마음이 들겠지만, 손님이 많은데도 문을 닫고 장사를 하지 않는 음식점이 있다면 당연히 궁금증이 일 것이다. 식당은 저녁때까지 영업을 해야 한다는 선입견을 무너뜨린 설렁탕집이 있다. 바로 60년 전통의 설렁탕집 〈하동관〉이다.

〈하동관〉은 입소문을 통해 알 만한 사람들은 다 아는 대한민국 대표 곰탕집이다. 1939년 개업하여 현재 3대째 가업을 잇고 있으며, 전통적인 한옥집 외관 그대로 한 번도 자리를 옮기지 않고 영업을 계속하고 있다.

〈하동관〉은 인쇄업에 종사하다가 사업을 정리하고, 음식 장사에 뛰어든 고 김용택 씨가 문을 열었다. 그리고 김용택 씨와 친분이 두터웠던 지금의 사장인 장석철 사장의 선친이 1964년 〈하동관〉을 인수했다. 〈하동관〉을 인수하던 시기는 제법 음식 맛이 좋다고 소문이 오르내리던 무렵이었는데, 그 명성을 더욱 확고히 하고 확장한 사람은 바로 장 사장의 모친이었다. 장 사장의 모친은 세상을 떠나기 전까지 주방장 권혁녀 씨에게 맛의 비법을 모두 전수했다.

놋그릇에 담아내는 곰탕의 깊은 맛

이 집의 가장 큰 매력은 60년이라는 세월이 흘러도 여전한 곰탕 맛에 있다. 식단은 단출하다. 예전부터 지금까지 오직 '곰탕' 한 가지 메뉴에 반찬도 달랑 깍두기 하나이다. 그러나 내장과 양지고기로 끓인 곰탕, 놋그릇 가득 담겨 나오는 수육과 간천엽, 양은 주전자에 담긴 잘 익은 깍두기, 국물을 부은 후에 날계란을 가운데 하나 띄워 후후 불어가며 먹는 맛은 일품이다.

주방에서는 직경 1m가 넘는 가마솥 3개에 진국이 끓으며 손님을 기다리는데, 가마솥 1개에서 150~200인분 정도 나온다. 다른 곰탕집이 다른 곳에서 곰탕을 하루나 이틀 동안 고아서 내놓는다면, 〈하동관〉의 곰탕은 당일 준비하면서도 오래 끓이기 때문에 맑고 기름기가 많다. 기름기가 다소 느끼한 사람들은 깍두기 국물인 '깍꾹'을 부어 다소 느끼한 맛을 덜어내기도 한다. 놋그릇을 고집하는 것 또한 〈하동관〉만의 특징이다.

이렇게 곰탕 한 가지 메뉴만 있는 것은 그만큼 음식에 자신이 있기 때문이다. 또 괜한 욕심을 부리지 않고 한 가지 메뉴로 손님들에게 최선의 서비스를 하려는 장 사장의 의지이기도 하다.

특이한 점은 〈하동관〉은 다른 가게들이 한창 장사할 시간에 문을 닫는다는 것이다. 〈하동관〉을 찾아가는 손님이라면 반드시 유념해야 할 사항이기도 하다. 〈하동관〉은 그 날 새벽에 끓인 곰탕이 다 떨어지면, 문을 닫아 버린다. 그래서 오후 4시쯤 찾아가면 굳게 닫힌 문 앞에서 허탈해지기 쉽다. 곰탕이 일찍 떨어지면 12시가 되기도 전에 문을 닫을 때도 있다. 〈하동관〉은 이처럼 일정량의 신선한 재료를 매일 매일 준비하고, 준비한 양만큼의 곰탕을 손님에게 내어놓는다.

저녁 무렵 곰탕 국물에 소주 한 잔이 생각나는 사람들에게는 다소 실망스러울 수 있다. 그래서 몇몇 손님들은 불만을 토로하기도 하지만 〈하동관〉의 오랜 단골이라면 누구보다도 이 점을 높이 평가한다. 제 맛과 영양을 지키기 위한 노력이라고 여기기 때문이다. 장 사장 역시 처음에는 〈하동관〉의 이러한 영업 방식을 이상하게 생각했다. 그러나 장 사장의 아버지는 쉬운 길이 있어도 내 길이 아니라고 생각되면 가지 않고, 이익이 많이 나지 않더라도 내 길이라면 꿋꿋이 가야 한다고 누누이 강조했다. 젊은 시절 장 사장은 아버지의 뜻에 동의하기 어려워 종종 마찰도 있었다. 하지만 아버지가 장사하는 모습을 오랜 세월 지켜보면서 아버지의 욕심을 내지 않는 배짱과 정직함 등이 장 사장에게도 고스란히 전해졌다.

"저희가 큰 욕심을 냈다면 왜 저녁 장사를 하지 않겠습니까? 더구나 요즘은 조금만 이름이 나면 분점을 내는 게 유행인데 우리는 생각조차 못하고 있습니다. 맛을 담보할 수 없기 때문입니다." 장 사장의 말은 〈하동관〉이 가지고 있는 철학을 한 마디로 표현해준다.

최고의 맛을 위해 욕심을 접어두는 하동관의 영업 원칙은 오늘날 우리에게 시사하는 바가 크다. 맛에 영양을 더해 손님을 배려하는 이같은 정신이야말로 우리나라 음식 문화의 기본이 되는 것이 아닐까.

음식점을 창업할 때는 많은 돈을 벌겠다는 욕심을 버려야 한다. 욕심이 과하면 양심에서 벗어난 장사를 하기 쉽고, 외식 시장의 트렌드 변화나 불황기가 닥치면 불안한 마음에 첫 마음을 놓치지 쉽다. 불경기에는 모든 소비자가 가격에 민감한 것처럼 보인다. 그래서 대다수 음식점에서는 가격파괴 등의 해결방안들을 너도나도 내놓고 있다. 그러나 불경기에 장사가 안 되는 음식점을 자세히 들여다보면 '가격'이라는 요소가 매출을 떨어뜨리는 전부가 아니라는 것을 알 수 있다. 자기만의 경쟁력 있는 음식점들은 여전히 인기를 누리고 있다. 특히 뭐니 뭐니 해도 외식업종에서는 단골손님이 중요하므로 고객들의 충성도를 높이는 것이 매우 중요한 요소다.

창업을 할 때에는 시작부터 미리 영업 원칙을 세워놓고, 기본을 다져나가는 것이 필요하다. 당연히 처음부터 많은 손님이 올 리 없다. 어떤 음식점이든지 기본을 다져나가며 성실히 영업 원칙을 지켜나가다 보면 어느 순간 성공의 반열에 오른 자신을 발견할 수 있을 것이다.

음식 값이 쌀수록 성공한다?

대부분의 창업자들이 잘못 생각하고 있는 것 중 하나가 음식 가격을 저렴하게 하면 성공할 것이라는 믿음이다. 그래서 창업 비용 절감을 위해 원칙도 없이 비용을 줄이곤 하는데, 대개의 창업자들이 음식 재료의 질까지 떨어뜨리면서 비용을 줄이는 실수를 저지른다. 이는 오히려 타 음식점과의 경쟁력을 잃게 하는 요인이 된다. 손님은 음식의 가격이 저렴한 것만을 원하지 않으며, 자신의 미각을 충족시켜줄 수 있는 전문적인 식당을 원하기 때문이다.

　손님이 많다고 해서 네 명 기준의 테이블에 다섯 사람을 받는 자세 또한 역시 창업자가 조심해야 할 부분이다. 손님이 많은데 한 명의 손님을 위해 테이블 하나를 더 내주고, 상차림을 추가하는 것은 사실 누구에게나 손해처럼 여겨질 것이다. 하지만 손님은 사소한 일에도 쉽게 마음을 상할 수 있고, 결국 다시는 그 음식점을 찾지 않게 될 수도 있다.

　음식 재료나 기타 반드시 필요한 비용을 줄이는 것이나 테이블 내주기를 꺼려하는 등의 마인드를 가진 창업자는 욕심을 버리는 훈련부터 하자. 장기적으로 생각할 때 무엇이 더 이득이 될지를 생각하라. 어렵더라도 욕심을 버리는 일은 꼭 해내야 하는 일이다.

맛의 기본을 지켜라

원조맛집들에게 성공 비결을 물어보면 대부분 "특별한 비결이 없다"는 답변이 돌아온다. 그렇지만 이들이 한결같이 강조하는 것이 하나 있다면 바로 '맛의 기본'을 지키는 것이다. 맛의 기본을 지킨다는 것은 도대체 어떤 의미일까?

1965년, 간판도 없이 청계 8가 한 구석에 자리 잡은 조그마한 보쌈집이 사람들을 매료시켰다. 입에서 살살 녹는 특유의 보쌈과 김치 그리고 할머니가 차려주시는 푸짐한 맛과 정성은 그곳을 찾는 손님들을 충분히 사로잡고도 남았다. 그 맛에 푹 빠진 사람들은 할머니가 운영한다 해서 그냥 "할머니 보쌈집"으로 부르곤 했다.

세월이 흘러 이 보쌈집은 현재 서울과 경기도 그리고 일부 지방에 190여 개 가맹점을 거느린 프랜차이즈 업체로 성장해 "보쌈의 원조", "보쌈의 명가"라는 명성을 얻기에 이르렀다. 이 프랜차이즈 업체가 바로 〈원 할머니 보쌈〉이다. 〈원 할머니 보쌈〉이 오랜 시간 인기를 이어올 수 있었던 비결은 한결같은 맛과 푸짐한 양, 부담 없는 가격에 있다.

80년대만 하더라도 보쌈은 남성과 중년층이 주 고객층이었던 터라 매운맛이 강했으나, 차츰 여성과 젊은층까지 확대되면서 매운맛을 많이 줄였다.

고기는 최상급의 맛있는 부위만 쓰고 있으며 비계가 많은 부위는 삼겹살로, 살코기는 사태 위주로 쓴다. 게다가 고기를 삶을 때에는 특별한 소스를 가미해 특별한 맛을 내고 있다. 초창기에는 생강이나 마늘을 넣어서 돼지 냄새만 없애도 손님들이 맛있게 드셨지만 지금은 그렇질 않기 때문이다. 보쌈은 연한 돼지고기와 잘 익은 김치 맛이 잘 어우러져야 한다. 〈원 할머니 보쌈〉에서는 부드럽고 고소한 고기와 양념을 푸짐하게 넣어 잘 삭인 속을 곁들인 김치가 주문하기가 무섭게 바로 나온다.

맛에서 명성이 나온다
지금 〈원 할머니 보쌈〉의 사장은 보쌈집을 시작한 김보배 할머니의 사위로, 할머니의 음식점에 대한 열정을 그대로 보고 배웠다. 그는 "음식은 역시 맛이다. 지금 한창 고객 만족이다, 감동이다 하지만 우리나라에 음식 문화가 형성되기 전까지도 그랬고, 지금도 여전히 가장 중요한 것은 맛이다. 맛으로 인해 명성이 생긴다"라고 말한다.

"맛이 가장 중요하다"는 원칙을 고수하고 있는 그는 보쌈에서 무엇보다도 중요한 김치의 경우, 맛을 내기 위해 좋은 식자재를 써야 하는 것은 기본이고 굴이나 밤같은 다양한 재료와 양념이 많이 들어가야 한다는 원칙을 가지고 있다.

〈원 할머니 보쌈〉의 가맹점들은 주로 수도권 중심으로 개설되어 있고, 지방은 10곳이 조금 넘는다. 지방 가맹점 수가 적은 것 역시 맛을 지키는 데 그 이유가 있다. 물론 쉬운 일은 아니다. 〈원 할머니 보쌈〉은 특히 김치가 맛있기로 유명한데, 손으로 직접 맛을 내던 김치를 기계로 대량 생산하는 시대가 되면서 그 맛을 '관리'하기가 보통 어려운 일이 아니라고 한다. 하지만 최대한 똑같은 재료로 똑같은 맛을 내고자 시스템을 철처히 관리하고 있으며 전국 190개 가맹점들 역시 모두 같은 맛을 내고자 하는 것이 그의 목표이다.

1980년대 후반 들어 전국적으로 프랜차이즈 물결이 대대적으로 밀려오기 시작했지만, 〈원 할머니 보쌈〉은 그 대열에 동참할 뜻은 없었다. 멀리 지방에서도 찾아올 정도로 인기가 많았기에 굳이 그 필요성을 느끼지 못했던 것이다. 하지만 교통체증이 심해지고 음주 단속도 심해지면서 차츰차츰 먼 곳의 손님들이 줄어들기 시작하자 가맹점 개설을 고민하기 시작했다.

하지만 보쌈을 매뉴얼화하고 체계적인 시스템을 갖춘다는 것이 쉬운 일이 아니었다. 음식 재료 관리와 유통 관리도 어려웠고, 특히 유통 과정에서 양념이 많이 들어간 보쌈김치가 숙성되면 맛이 변하기 때문에 맛의 관리 또한 어려웠다. 그래서 수도권부터 가맹점을 개설했지만, 지방은 2004년부터 시작했던 것이다.

가맹점 개설에 앞서 〈원 할머니 보쌈〉은 먼저 식자재 유통을 개선시키기 위해 많은 고민과 노력을 해왔다. 그 결과 예전에는 2~3일이면 변질되던 맛을 일주일에서 열흘이 지나도 유지할 수 있을 정도로 시스템을 확립할 수 있었다. 맛의 유지를 가장 최우선으로 삼고 끊임없이 노력했기에 결국 해결책이 마련된 셈이다. 현재 〈원 할머니 보쌈〉은 대구에서부터 울산, 거제도, 청주 등지까지 들어가 있다.

〈원 할머니 보쌈〉은 현재의 위치에 만족하지 않고 냉장 관련 기술을 꾸준히 연구하고 있다. 일본은 영하에서도 보관할 수 있는 '빙온기술'이 발달해 있다. 즉, 음식 재료를 영하에서 보관하여 질을 보존하면서도 얼지 않게 하는 기술을 말한다. 국내에서도 개발할 수는 있지만 비용이 너무 많이 들기 때문에 중소기업에서는 엄두도 낼 수 없다. 하지만 '맛'을 위해서 〈원 할머니 보쌈〉에서는 이 기술을 활용할 생각이다.

뿌리 깊은 나무는 바람에 흔들리지 않는다고 했다. 기본이 탄탄할수록 깊이가 있고, 그 깊이만큼 흔들림이 없다는 세상사의 진리만큼 원조맛집들의 성공을 제대로 설명할 수 있는 말이 또 있을까?

서울 시내의 대부분 원조맛집들은 처음 시작은 작고 어려웠지만, 오랜 세월 동안 쌓아온 맛의 기본을 지킨 결과 지금의 성공을 일궈낼 수 있었다. 수십 년 동안 쌓아온 맛의 노하우와 '원조'라는 명성은 하루아침에 얻거나 흉내 낼 수 없는 것이다. 적어도 그들이 오랜 세월 동안 일궈온 성공의 밑바탕에 무엇이 자리하고 있는지를 깨닫기 전에는 말이다.

이 단순하고, 당연하고, 평범한 진리야말로 새로이 음식점을 창업하려고 하는 이들이 초지일관 간직해야 할 기본 중의 기본이다. 맛의 기본을 지키자. 그러면 손님들의 신뢰가 쌓이기 시작할 것이다.

프랜차이즈 가맹

창업은 독립 창업과 프랜차이즈 가맹 두 가지가 있다. 독립 창업을 할 만한 여건이 안 되는 경우 프랜차이즈에 가맹을 하는데, 그때의 장점은 다음과 같다.

1. 본사에서 개발한 우수 상품과 상품의 포장, 상표 사용, 음식점 경영에 관한 교육 및 노하우를 지도받을 수 있다.
2. 본사 차원에서 광고와 판촉 활동 등을 하기 때문에 판촉 활동에서 얻는 효과가 크다.
3. 설비와 도구 등을 유리한 조건으로 구매할 수 있다.
4. 재고에 대한 부담이 적다.
5. 인테리어나 경영에 관해 전문가의 지도와 도움을 받을 수 있다.
6. 검증된 시스템 덕분에 실패할 확률이 적어진다.

하지만 프랜차이즈 가맹은 체인 본사에 대한 의존도가 심하거나 다양한 상품 개발과 구매 루트의 개발이 어려운 점, 오픈 이후 지원이 미비한 프랜차이즈 본부도 있다는 단점도 잘 숙지하고 자신의 상황에 맞게 신중히 결정해야 한다.

발품 없이 최고의 음식 재료를 구하겠다고?

손님은 누구보다도 냉정한 맛의 감별사들이다. 어떤 전문가보다도 음식의 질과 맛을 빠르게 파악한다. 손님은 갖가지 맛있고 질 좋은 음식을 만들어낼 수 있는 음식점, 위생적인 조리 시설을 제대로 갖춘 음식점, 신선도와 영양 면에서 신뢰할 수 있는 음식점을 선호한다.

이러한 고객들의 니즈를 반영한다면, 좋은 음식 재료를 구할 수 있는 경로와 안목을 갖추는 것은 음식점 창업자들의 필수요건이다. 이는 원조맛집을 운영하는 이들이 한결같이 강조하는 부분이다. 그리고 "좋은 맛을 내는 비결은 최고의 음식 재료를 구해서 아끼지 않고 쓰는 데 있다"고 말한다.

　을지로 3가에서 충무로 쪽으로 가는 길 양편에는 한 잔의 유혹을 자극하는 골뱅이집들이 줄지어 서 있다. 하루의 피로와 스트레스를 한 잔의 술로 달래려는 인근 직장인들로 이곳은 늘 만원이다. 비라도 내리는 날이면 주당들의 발길은 더욱더 이 골목을 그냥 지나치지 못한다. 이 골뱅이집들 가운데 원조는 〈권형석의 영동골뱅이〉다.

　좁은 탁자와 등받이 없는 의자들은 마치 1980년대의 선술집에 들어온 것 같은 분위기를 자아낸다. 다소 촌스럽고 정돈되지 않은 것 같지만 사람들과 부대끼며 먹는 맛이 정겨운 터라 비좁은 골목에서 줄을 서서 기다릴 정도의 단골고객들을 확보하고 있다.

전국을 돌아다녀 찾아낸 최상급 재료의 자부심

　〈영동골뱅이〉는 양념도 없이 골뱅이 캔을 따서 이쑤시개로 찍어 먹는 간단한 음식으로 시작했다. 1968년, 권형석 사장의 어머니 하춘화 씨는 작은 구멍가게를 운영하고 있었는데, 하루는 안주삼아 골뱅이무침을 만들어냈다. 이 안주 맛이 입소문을 타기 시작했다. 그래서 골뱅이 무침을 아예 정식메뉴로 식당을 개업한 것이다. 이후 1990년대 초부터는 아들인 권 사장이 운영하고 있다.

　1973년부터는 3층까지 틀 정도로 규모가 커졌지만 처음부터 지금까지 골뱅이 무침이 이 집의 단일 메뉴이자 인기 메뉴이다. 인기의 비결이라면 주재료인 골뱅이 선택에 있다. 수입 골뱅이는 질기고 냄새도 나기 때문에 동해안의 주문진 앞바다에서 잡히는 골뱅이만을 사용한다. 까다롭게 고른 골뱅이는 되도록 인공 조미료를 줄여 자연 그대로의 맛을 선사하도록 맵고 톡 쏘는 맛보다 달콤, 담백한 맛을 살린다.

〈영동골뱅이〉의 성공은 권 사장의 수도 없는 발품이 있었기에 가능한 일이었다. 그는 전국을 발로 뛰면서 최고의 음식 재료를 구하고 있다. 골뱅이는 동해에서 잡히는 것을 최고로 친다. 빛깔이 희고 알이 크며 모양이 일정할 뿐만 아니라 매끄럽고 부드럽기 때문이다. 권 사장의 부모는 이러한 골뱅이를 우연히 접하고는 이를 구하기 위해 강원도 일대를 샅샅이 뒤지고 다녔다고 한다. 그 덕분에 40여 년의 역사를 가진 골뱅이 통조림 제조업체를 찾아내어 거래를 맺을 수 있었다. 지금도 이 업체는 〈영동골뱅이〉에 질 좋은 재료를 최우선으로 공급해주고 있다.

골뱅이뿐 아니라 골뱅이무침에 들어가는 파, 마늘, 고춧가루 등의 음식 재료 역시 권 사장이 직접 전국 방방곡곡을 돌며 발품을 판 덕에 지방 농가들과 계약을 맺어 최고의 재료들을 받고 있다. 질 좋은 음식 재료로 찾기 위해 다녔던 전국 각지의 마을회관과 노인정은 부지기수였고, 마을 주민들과 마신 막걸리만도 상당한 양이라고 한다.

 타고난 미각이 예민한 권 사장은 발로 뛰며 최고의 음식 재료를 구하고 다니는 세월이 켜켜이 쌓이면서 좋은 식재를 감별할 수 있는 능력까지 덤으로 키워갈 수 있었다. 〈영동골뱅이〉에서 사용하고 있는 마늘은 두 종류인데, 의성에서 나는 마늘은 매운맛이 강한 반면 단양에서 나는 마늘은 매운맛에 비해 단맛이 강했다. 권 사장은 자신의 단련된 미각으로 두 지역에서 나는 마늘 맛의 특성을 알고, 그 특성을 조화시키고 있다.

 몸을 아끼지 않고 직접 발로 뛰며, 전국을 누비며 최고의 음식 재료를 구하려는 노력을 다하는 권 사장이기에 자부심을 가지고 손님들에게 음식을 내놓을 수 있다. 그리고 손님들 역시 권 사장의 그러한 노력을 알기에 술 한 잔이 생각나면 〈영동골뱅이〉를 찾는다.

 그러나 좋은 재료는 질이 좋은 만큼 구입 단가가 높을 수밖에 없다. 그래서 창업을 하려는 사람들이나 현재 식당을 운영하고 있는 사람들이 가장 유혹에 빠지기 쉬운 부분이 음식 재료 값을 아끼려는 것인데, 실제로 조금이라도 돈을 더 벌겠다고 재료비를 아끼다가 손님의 발길이 멀어지거나 심한 경우 문을 닫아야 하는 일은 흔한 일이다.

 좋은 재료는 맛과 직결되어 있다. 원조맛집들은 이를 잘 알기에 전국을 누벼서라도 최선을 다해 가장 질 좋은 음식 재료를 구하고

자 최선을 다하고, 그 질 좋은 재료들을 충분히 쓰고, 그 재료에서 우러나는 맛을 조화시켜 최상의 음식을 만들어내려고 노력해왔다.

음식점을 창업하려면 자신이 선보이고자 하는 음식에 필요한 최고의 음식 재료를 확보하려는 의지와 그에 따른 노력, 최고를 판별할 수 있는 노하우와 안목을 지녀야 한다. 창업부터 해놓고 차차 배워가면 된다는 식의 자세로 임한다면 그 노하우와 안목을 기르기도 전에 이미 성패는 판가름이 나 있을 것이다. 한 사람의 고객이라도 만족시키기 위해 파는 밥품이라면, 조금도 아끼지 말자.

적성에 맞는 업종 선택법

창업을 계획하고 있을 때는 정보에 민감해지기 마련이다. 그리고 이때 잘못된 정보 하나는 치명적인 결과로 이어질 수도 있다. 소자본창업의 경우라면 전 재산을 다 날리는 경우도 흔한 일이다.

광고를 보면 누구나 쉽게 창업해 성공할 수 있다고 나온다. 그러나 광고를 대대적으로 하는 사업이면 일단 의심해 봐야 한다. 이렇게 아이템을 의도적으로 띄우는 사업은 유사 브랜드가 생겨 곧 수

요시장이 포화상태가 되어버릴 수 있기 때문이다. 요즈음은 기사 광고도 많아 꼼꼼히 살펴보는 것이 필요하다. 한순간의 실수가 평생 돌이킬 수 없는 과오가 되어 누구도 원망 못하는 처지가 될 수 있으니 주의해야 한다.

창업을 계획할 때는 먼저 자신의 적성에 잘 맞는 사업을 골라야 한다. 적성에 맞지 않으면 얼마가지 않아서 싫증을 낸다든지 힘들어서 못하겠다든지 등의 이유로 중도하차하기 쉽다.

그렇다면 창업자의 적성에 딱 맞는 업종은 어떻게 찾을 수 있을까. 자신의 투자자금에 맞는 업종(업태)을 가능한 많이 노트에 적은 다음 신문이나 인터넷, 잡지 등을 참고해 각 업태의 특성에 대해 적어보자.

업종을 찾으면서 주의할 점은 매출에 현혹되지 말아야 한다는 것이다. 즉, 점주가 어떻게 점포를 운영하고 있나? 그 음식점의 장점과 특성이 무엇인지를 우선 살펴서 자신이 할 수 있는 업종인지를 파악해야 하는데 손님이 많은지, 돈은 잘 버는지에 관심이 더 쏠려 판단이 어려워지는 것이다. 그 결과 업종을 선택하기가 점점 어려워진다.

자신과 잘 맞을 것인지를 파악하기 위해서는 그 점포 운영자의 일과를 아침부터 저녁 마감시간까지 하나하나 적어보라. 그리고 매일매일 같은 일을 자신이 체력적으로 무리도 없고 즐겁게 할 수 있을 것인지를 생각해보아야 한다.

손님이 원하는 맛을 이해하면 성공이 보인다

소비자들의 입맛은 빠르게 변해왔고 지금도 하루가 다르게 변해가고 있다. 고객이 원하는 맛은 고정되어 있지 않다. 그러므로 외식업 창업을 위해서는 고객의 심리를 발 빠르게 파악하려는 의지와 고객을 만족시키기 위한 노력이 있어야 한다. 원조맛집들 역시 한결같은 맛을 강조하면서도 고객이 원하는 맛의 변화를 파악하고 거기에 맞춰 나가려는 노력을 한시도 게을리하지 않는다. 그렇다면 원조맛집들은 어떻게 손님들의 입맛을 맞추어가고 있을까?

개성 음식의 진수를 맛볼 수 있는 〈개성집〉은 개성 태생인 고 김영희 할머니가 창업한 맛집이다. 입소문이 자자한 〈개성집〉은 2대째 개성 음식을 선보이며 35년째 장수하고 있다. 할머니는 항상

"내가 좋은 음식을 먹고 싶은 것처럼 손님도 마찬가지이다. 그래서 항상 좋은 재료로 손님들에게 좋은 음식을 드린다는 마음으로 일한다"는 말을 입에 달고 살았다. 음식에 대한 김 할머니의 이와 같은 신념은 지금도 이어지고 있다. 2대 사장인 며느리 문현진 씨도 "다른 집보다 힘은 들더라도 재료와 음식을 아끼지 않는다"라고 말한다.

이처럼 〈개성집〉은 있는 그대로의 좋은 재료로 맛있는 음식을 만든다는 생각으로 하루하루 손님 상에 오를 음식을 준비한다. 대표적인 예가 대부분의 야채나 채소를 직접 재배해 밑반찬을 만드는 것은 물론, 된장과 고추장까지 손수 만든다는 점이다. 이는 양념을 아무리 좋은 것을 써도 재료 자체가 좋지 않으면 음식 맛을 제대로 낼 수 없다는 생각에서 비롯된 것이다.

쫄깃쫄깃하고 담백한 조랭이떡국

〈개성집〉은 조랭이떡이 유명하다. '가래떡'으로 불리는 하얀 쌀떡은 어느 지방이나 크게 차이가 없이 엇비슷하게 썰어 놓고, 국물이 마련되는 대로 손쉽게 끓여낼 수 있어 간편한 음식으로도 그만이다. 〈개성집〉의 조랭이떡은 떡을 뽑아다 뜨거울 때 다시 반죽을 많이 해서 만들기 때문에 오래 있어도, 식었다가 다시 끓여도 연하고 질기거나 물렁거리지 않아서 손님들이 좋아한다. 슈퍼마켓이나 다른 음식점에서 〈개성집〉을 모방한 조랭이떡이 나와 있지만, 무르거나 질겨 〈개성집〉의 조랭이떡 맛을 따라오기 어렵다.

특이한 것은 개성 지방의 조랭이떡국이다. 김이 모락모락 나는 맛깔스러운 조랭이떡국에 동치미 국물같이 시원한 개성 오이소박이 한 접시면 뱃속이 든든하다. 가래떡을 그대로 사용하지 않고 한 번 더 손질을 해 '개성 조랭이떡국'이란 고유한 이름이 탄생한 것이다. 조랭이떡국에 들어가는 조랭이떡은 모양도 예쁘지만 빚는 방법도 독특하다. 흰떡을 손으로 길게 밀어 먹기 좋게 작은 크기로 끊인 다음, 작아진 떡 가운데를 대나무 칼로 지그시 눌러 동글동글하게 만들면 작고 귀여운 떡이 완성된다.

〈개성집〉은 조랭이떡국을 만들 때 수입 고기나 질이 떨어지는 고기로 만든 육수를 절대 쓰지 않고 한우의 사골 국물만을 고집한다. 양지머리와 갈비를 넣고 12시간 이상 우려낸 육수는 속까지 풀어주는 시원하고 담백한 진국이다. 육수는 하루 이상을 끓여 깊은 맛을 내며 조미료는 최소화해서 쓴다. 이처럼 최상의 재료로 최고의 음식을 만들려는 노력은 원조맛집들의 가장 큰 특성 중 한 가지이며, 성공의 비결이기도 하다.

파나 양파처럼 다른 곳에서 사야 하는 음식 재료도 거래처들이 수십 년을 거래해온 〈개성집〉에 우선 좋은 재료를 대 주는데, 〈개성집〉에서 배추를 구입하려 하면 거래처들이 미리 알고 고랭지 배추나 제주도 산배추 등 최고의 배추를 제공해주는 그런 식이다.

고객의 입맛에 따라 진화하는 원조의 맛

김영희 할머니는 음식 본래의 맛은 유지하면서 일부분에 변화를 주기 시작했다. 예컨대 반찬의 경우, 예전에는 주로 나물이 올랐다면 요즘은 야채샐러드를 자주 올리고 있으며, 예전에 써오던 식용유 대신 올리브유처럼 건강에 좋은 기름을 쓰고 있다. 그리고 개성식 순대에는 두부, 야채, 고기, 배추, 숙주 등의 재료를 넣어 만든다. 맛도 좋고 건강에 좋은 개성식 순대는 여자 손님들조차 한 조각도 남기지 않고 다 먹는다.

이러한 변화는 손님의 연령대가 다양해지면서 젊은층 손님들이 늘어나고 있는 것과 관계가 깊다. 웰빙과 건강, 다이어트에 관심이 많은 젊은 손님들의 기호와 입맛에 음식 맛을 맞춰가야 할 필요성이 높아지고 있기 때문이다.

〈개성집〉은 "음식점의 성공은 손님이 만들어준다"는 의미를 제대로 알고 있기에 손님이 원하는 맛을 찾아내고 만들어 가기 위해 끊임없이 연구하고 고민한다. 맛에 관한 한 이러한 노력이 있었기에 손님들은 〈개성집〉의 맛에 대해서만큼은 아낌없이 신뢰를 보내주었고, 손님들의 그러한 믿음 덕분에 별 어려움 없이 위기를 넘기기도 했다.

많은 원조맛집들이 수십 년의 세월 동안 음식점을 운영하다 보니 〈개성집〉과 같이 창업자가 물러나거나 타계하고, 그 다음 세대가 이어 운영하고 있는 경우가 많다. 대를 이어 식당을 운영하는 사장들은 원조맛집의 역사가 손님들 덕분이라고 입을 모아 말한다. 그리고 어려운 여건 속에서 창업했던 1대의 가르침을 소중하게 지켜가겠다고 한다. 그 가르침은 한 가지가 아니고 표현도 조금씩 달랐지만 많은 창업자들이 음식점을 다음 세대에 넘기며 전해주는 교훈은 "음식의 맛은 손님이 판정해주신다"는 것이다.

메뉴구성 전략 – 서비스 품목 결정하기

외식업을 운영할 때에는 "많이 퍼준다"든가 "서비스 품목이 있어야 한다"고 흔히들 말한다. 무조건 많이 주면 싫어할 사람이 없다고 생각하기 쉬운데, 이것이 통하는 업종이 있고 그렇지 않은 업종이 있다.

또 그 지역의 고객이 원하는 것이 무엇일까를 신중히 생각해야지 무조건 퍼 준다고 좋은 것만은 아니다. 퍼 주더라도 모든 메뉴를 다 퍼 주는 것이 아니라, 퍼 주는 메뉴는 따로 있어야 한다.

고깃집에서는 180g이라고 표기를 해놓고도 실제로는 150g 정도 주면 많이 주는 것이고, 생선횟집에서도 광어 1kg짜리를 시키면 700~800g 정도가 나오는 것이 보통이다. 하지만 일본의 한 점포에서 광어를 저울에 달아서 손님에게 보여준 다음 손질해 상에 내놓는 것을 보고 무릎을 친 적이 있다.

메뉴 전체의 원가를 따져보면 원가가 적게 드는 메뉴와 많이 드는 메뉴가 있다. 그것이 합쳐져서 평균원가가 나오는데, 전문점의 경우 주력상품의 원가는 사업을 하기 전에 반찬의 추가 수요까지 감안해 가격을 책정해야 한다. 그렇지 않으면 남는 것 같으면서도 계산해보면 실제로 그렇지 않은 경우를 많다.

'메뉴의 엔지니어링'이란 것은 단 몇 가지의 메뉴를 고객에게 제공하더라도 그 속에는 고객이 계산하는 것 이상의 전략이 들어있어야 한다는 말이다. 주력상품과 인기상품, 많이 남는 상품과 그렇지 않은 상품을 먼저 파악하고, 적절한 시간대에 세트 메뉴를 구성해 선보이거나 양을 적당히 조절해 두 가지 메뉴를 맛보게 하는 방법 등 다양한 메뉴 전략을 생각해보라. 자신 점포만의 입지조건에 맞추어 독창적인 메뉴전략을 구사할 때 보다 많은 고객을 단골로 얻을 것이다. 고객은 얌체 같은 고객, 돈을 쓰고 싶은 고객, 미각 수준이 앞선 사람 등 다양하다. 내가 고객이라고 생각하고 메뉴 전략을 구상하면 답은 의외로 쉽게 찾을 수 있지 않을까?

里門이문 설농탕
전통 음식에 관심을 가져라

　최근 외국의 외식기업들이 무차별적으로 도입되면서 우리의 음식 문화가 뿌리째 흔들리고 있다. 특히 피자와 햄버거는 이미 신세대의 입맛을 공략하고 사로잡았다. 하지만 패스트푸드의 원조국인 미국에서도 건강식으로 장려하는 식생활 패턴은 바로 우리 음식이다. 우리 음식은 세계시장에서 무한한 잠재력을 갖고 있지만 아직 외국인들에게는 잘 알려져 있지 않다. 오히려 불고기의 세계공용어가 '야키니쿠', 한국산 두부의 세계공용어는 '도오후'라는 일본어이다. 김치도 일본에서 먼저 국제규격화를 서둘러서 하마터면 '기무치'라는 일본식 용어가 공용어로 쓰일 뻔하였다. 김치의 가장 큰 특징은 숙성과 발효과정을 거쳐야만 제 맛이 난다는 것인데, 김치 시늉만 낸 기무치가 세계시장에 더 많이 알려져 있는 실정이다.

갈비도 일본에서 먼저 상품화하기 위해 매뉴얼을 만들면서 '가루비'라는 명칭으로 외국에서 호황을 누리고 있으며, 오히려 우리나라에 이를 역수출하려 하고 있다. 지금이라도 우리의 토속음식인 갈비, 김치, 고추장, 된장, 간장 등을 이용한 다양한 상품을 개발하여 세계 시장에 내놓아야 할 것이다.

설렁탕은 우리 고유의 음식이자 서울을 대표하는 토속음식이다. 설렁탕은 조선시대 왕이 동대문 밖 선농단(先農壇: 조선시대 풍년을 기원하던 재단)에서 몸소 쟁기를 끄는 친경례(親耕禮)를 하면서 60세 이상의 노인에게 곰국을 대접하면서 비롯됐다고 한다. 왕은 친경례에서 수고한 백성에게 석 잔의 술과 음식을 내렸는데, 이때 내린 술은 막걸리, 음식은 설렁탕이었다. 설렁탕 국물이 제대로 우러나오려면 하루는 족히 끓어야 한다. 설렁탕에 넣는 쇠고기는 성균관 인근에서 살면서 서울의 쇠고기를 독점 생산, 판매하던 반촌(泮村)의 반인들이 댔다고 한다.

퓨전을 이기는 전통의 맛

서울에도 설렁탕 집은 수없이 많다. 그 가운데 가장 오래되었고 널리 알려진 맛집이 바로 〈里門설농탕〉으로, 1907년 개업 이후 지금까지 줄곧 같은 자리에서 영업을 하고 있다. 건물도 개업 당시 그대로인 한옥으로, 외관 또한 보기 좋다. 그래서 특히 연세가 있는 단골손님들이 많다. 마라톤 영웅 손기정 선수와 이시영 부통령, 김두한, 박헌영 씨도 한때 단골이었다고 한다.

우리나라 역사가 반만년이 넘는다고는 하지만 100년 넘게 계속 이어져 온 식당은 참으로 드물다. 〈里門설농탕〉의 장수 비결은 변하지 않는 설렁탕 맛에 있다. 또 하나 덧붙이자면 한국인이라면 누구나 좋아하는 설렁탕이라는 한국 고유의 음식인 이유도 있을 것이다.

설렁탕 국물을 한 수저 입에 넣으면 맛이 담백하면서도 꽤 진하다. 기름을 여러 번 되풀이하여 걷어내어 기름기와 냄새를 없앤 것이 비결이다. 양지머리 고기가 듬뿍 들어있고, 숭숭 썬 파를 잔뜩 넣어, 밥 한 수저 위에 깍두기를 얹어 먹으면 든든한 한 끼 식사로 손색이 없다.

〈里門설농탕〉은 현재 가게를 운영하는 전성근 사장의 어머니 유원석 씨가 1960년 식당을 인수해 지켜오다 아들에게 물려주었다. 〈里門설농탕〉 부근의 학교를 다녔던 학생들이 이제는 할아버지가 되어 손자들 손을 잡고 설렁탕을 먹으러 온다. 3~4대째 단골들이 많기 때문에 〈里門설농탕〉에서는 70대는 청춘이고 90 정도는 되어야 어른 대접을 받는다고 한다. 80년대는 주로 먹성 좋은 운동

선수 특히 유도, 복싱, 레슬링 등 격투기 선수들이 많이 찾았다.

단골이 많은 이 집의 한결같은 맛은 100년 전이나 똑같은 설렁탕을 끓여내는 방식에 있다. 단지 장작이 연탄에서 액화석유가스(LPG)로, 다시 액화천연가스(LNG)로 바뀌었고, 무쇠솥이 압력솥으로 변한 것뿐이다.

〈里門설농탕〉의 변함없는 맛은 퓨전음식과 서양음식을 이기는 전통의 맛이다. 이 집의 설렁탕은 소의 거의 모든 부위를 넣고 15시간 푹 곤다. 국물이 뽀얗고 맛이 담백하면서도 짙다. 그래서 "설농탕(雪濃湯)"이라고 부른다.

농후한 국물 맛을 내기 위해 국물에 분유나 프림 등을 섞는다는 소문이 나돌아 한때 많은 설렁탕 집들이 타격을 입었었지만 제대로 끓여내는 것으로 단골들에게 인정을 받아온 〈里門설농탕〉은 오히려 더 장사가 잘됐다. 전 사장은 요즘 젊은 사람들이 국적 없는 퓨전음식을 찾지만 이들도 나이가 들면 우리 고유의 음식으로 돌아올 것이라고 확신한다.

〈里門설농탕〉은 일본 언론이 특집으로 다루면서 10여 년 전부터 일본 관광객도 많이 찾는다. 특히 아침 손님은 일본인이 더 많다. 전 사장은 〈里門설농탕〉은 이제 자신 개인 소유의 식당 차원을 넘어서고 있다고 생각한다. 역사의 명소이자 외국인도 즐겨찾는 한국을 대표하는 음식점이 된 까닭이다.

뽀얀 국물처럼 역사가 쌓이고 있는 〈里門설농탕〉은 앞으로 전통을 잇는 장인의 각오로 이 자리를 지켜나갈 계획이다. 새로운 메뉴 개발도 중요하지만 〈里門설농탕〉처럼 우리 고유의 음식에서 메뉴를 찾는 것도 바람직한 일이다. 사람들의 입맛이 점점 서양식에 길들여지고 있는 것처럼 보이지만, 우리나라 사람들은 기본적으로 스테이크나 피자 등의 음식을 매일 먹을 수 있는 체질이 못된다. 게다가 최근 한식당이 외국에서 큰 호황을 누리고 있는 사실을 감안할 때, 우리 고유의 음식으로 창업을 한다면 세계시장의 진출 또한 한결 쉬울 수 있다. 우리 음식이 가지고 있는 장점은 적극 활용하고, 단점이 있다면 보완할 수 있는 방법을 찾아보자. 성공 창업의 든든한 무기가 되어줄 것이다.

단골 만들기

크게 성공했던 대형횟집이 3~4년 지나고 나니 매출이 곤두박질쳤다. 이런 경우는 어떻게 해석해야 할까? 이는 기본에는 충실했지만 고객을 끌어당기는 힘이 부족했기 때문이다. 고객은 바보가 아니다. 새로운 음식점이 생기면 한두 번 정도는 찾아가서 먹고 즐긴다. 그러나 그 고객을 단골로 만들기 위해서는 기본에 충실한 것만으로는 부족하다. 고객은 '기본'만으로는 더 이상 매력을 느끼지 못한다.

횟집은 생선을 원산지에서 싼값에 들여와 중간 이윤을 얼마 만큼 남기는 가에만 급급해서는 승부가 나지 않는다. 점포를 대형으로 운영하기 위해서는 조직이 필요하다. 연구개발팀이 있어야 하고 고객만족팀도 있어야 한다. 꾸준한 상품개발과 고객만족도의 주기적인 체크, 다양한 즐거움, 볼거리 제공 그리고 시대에 맞는 마케팅 전략으로 단골고객이 떨어져 나가지 않도록 하는 것이 대형 외식업체의 관건인데, 이익 내는 것에만 집착하게 되면 그리 오래 갈 수 없는 것이다. 점포의 매출이 떨어지기 시작할 때는 용단을 내려 진단과 처방을 받고 수술을 단행해야 살아남을 수 있다. 수술을 받지 않고 작은 변화로 다시 회생할 수 있는 경우도 있지만 효과는 크게 기대할 수 없다.

제일 중요한 것은 "매출이 왜 떨어지는 것인지"를 정확히 파악하는 것이다. 대부분의 점주는 흔히 경쟁업소가 많다든가, 경기가 나빠서 어쩔 수 없다는 것, 날씨가 도와주지 않는다 등의 핑계를 댄다. 외식사업은 전자제품과 달리 매일 갈고 닦아야 빛이 난다. 이 사실을 잊지 말자.

새로운 메뉴를 개발하라

창업 전에도 그렇지만 음식점을 운영하면서도 가장 고민되는 것은 바로 메뉴 개발일 것이다. 새로운 메뉴를 개발할 때 과연 손님들에게 받아들여질 수 있을지를 두고 고민하는 사람이 많다. 이도저도 못하고 쩔쩔매는 창업자에게는 일단 고민하지 말고 새로운 메뉴를 만들어 시연을 해보라고 조언하고 싶다.

새로운 메뉴를 만들면 고객들은 비록 새로운 메뉴를 선택하지는 않더라도 새로운 인상을 받게 마련이다. 그러면 단골이 떨어져 나갈 확률 또한 줄어들어 매출이 꾸준할 확률이 현저히 높아진다. 독특한 메뉴로 손님들을 끌어들이기 위해서는 실패를 두려워하는 것보다 도전하는 것 자체에 의의를 두어야 한다. 최고의 메뉴를 개발하기 위해 시행착오를 두려워하지 않고, 이색적이고 차별화된 아이디어를 계속 생각해내야 한다. 물론 음식점을 경영하는 와중에 우연히 아이디어를 얻어낼 수도 있다. 하지만 메뉴 개발을 끊임없이 고민하지 않는 창업자에게 그런 우연한 기회가 찾아오기란 결코 쉽지 않다.

버터와 해물의 고소한 만남, 해물로스구이

〈진도집〉은 남대문 먹자골목에서만 30년 넘게 해물요리를 해오면서 항상 손님이 끊이지 않는 맛집이다. 〈진도집〉 입구에 들어서면 우선 고소한 버터 향이 코끝을 자극한다. 전라남도 여수에서 직송된 패주(貝柱), 새조개, 소라, 새우, 전복, 버섯 등 싱싱한 해물과 달콤한 버터가 철판 위에서 어우러지면서 색다른 맛으로 태어나는 해물로스구이의 냄새 때문이다.

1968년 해물탕으로 장사를 시작한 〈진도집〉은 '해물로스구이'라는 독특한 메뉴를 개발함으로써 유명해진 집이다. 〈진도집〉의 해물로스구이 맛을 제대로 즐기려면 먼저 은박지를 깐 철판을 서서히 달구며 버터를 녹여야 한다. 그 위에 먹기 좋게 다듬어진 해물들을 올려 굽는다. "지지~직" 소리를 내며 구워지는 모양이 맛깔스러운데, 살짝 익을 정도로 구워야 한다. 너무 익은 해물은 질겨

져서 제 맛을 내지 못하기 때문이다. 쫄깃쫄깃하고, 부드럽게 씹히는 새조개와 입 안에 착착 달라붙는 조개관자, 담백한 새우 등 알맞게 익은 해물들이 각각의 독특한 맛으로 입을 즐겁게 해준다. 특히 참기름장에 찍어 상추에 싸 먹으면 상큼하다. 로스를 다 먹고 나면 철판에 밥을 볶아주는데, 그 맛 또한 별미다. 전라도식 차가운 콩나물국을 함께 곁들이면 더 맛있다.

박영창 사장은 처음에는 해물탕과 부대찌개만 취급했다. 이 중 해물탕이 사람들의 입을 타고 맛있다는 소문이 났다. 그러나 박 사장은 장사를 하면서 점점 음식들이 시장 골목에는 맞지 않는다는 판단이 들었다. 그래서 시장 골목과 상인들에게 더 어울리는 음식을 연구하기 시작했다.

이때 그가 개발한 것이 해물로스구이였다. 바닷가에서 나고 자란 박 사장이 직접 발품을 팔아서 구해오는 최고급의 싱싱한 해물을 재료로 사용했기 때문에 더욱 맛이 있었다. 해물 재료는 양념을 하지 않기 때문에 신선도가 중요한데, 해물로스구이는 여수에서 직송하는 싱싱한 해물만을 쓰는 것이 원칙이다.

해물을 구워 먹는 신선한 메뉴인 해물로스구이는 곧 대박이 났고, 많은 음식점들이 이 해물로스구이를 따라 같은 메뉴를 선보였다. 그러나 수지가 맞지 않아 힘들어하다가 금방 문을 닫곤 했다. 재료가 워낙 비싸서 하루에 최소한 30~50개 이상 나가지 않는 한

이문이 남지 않기 때문이었다.

현재 박 사장은 주요 해산물들을 20년 거래처를 통해 고정적으로 공급받고 있지만, 그 밖의 재료들은 전라남도 여수와 충청남도 대천으로 직접 구입하러 다닌다. 이와 같은 박 사장의 노력은 서비스에서도 고스란히 나타난다.

맛있는 음식으로 손님들을 사로잡은 박 사장은 따로 고객관리가 필요없을 정도로 손님들을 정성껏 챙긴다. 식당이 바쁠 때는 종업원들이 있는데도 손수 신발 정리까지 마다하지 않는다. 손님이 나가면 그릇도 치우고 상도 닦는데, 가끔 단골손님들이 이제 "그만하라"고 한 마디씩 건넬 정도이다. 하지만 박 사장은 종업원들에게나 고객들에게 잘 보이려고 그런 일을 하는 것이 아니기 때문에 개의치 않는다. 늘 웃으며 손님을 대하는 모습에는 가식이 보이지 않기 때문에 손님들도 편안하게 서비스를 받다가 돌아갈 수 있다.

〈진도집〉은 해물탕이라는 기존의 메뉴로 장사를 하다가 생각을 조금 달리 하여 개발한 해물로스구이가 히트한 사례이다. 이러한 사례는 찾아보면 많다. 기존의 것을 가지고 새로운 것을 만들어내는 것에 두려움을 갖지 말자. 이 세상에 완벽한 음식은 없으며, 누군가의 도전과 개발로 음식 문화는 계속 바뀌어갈 것이다. 누군가가 히트시킨 음식만 좇으면서 살 것이 아니라, 앞서서 이색적이고 독창적인 메뉴를 개발하여 다른 사람이 뒤따르도록 해보자.

프로슈머 마케팅

프로슈머 마케팅을 메뉴 개발에 응용해보자. '프로슈머(Pro-sumer·생산자와 소비자의 합성어) 마케팅'이란 고객이 직접 제품 생산과정에 참여해 고객의 만족도를 최대한 높이는 마케팅으로, 현재 외식업계에 크게 확산되고 있다. 피자전문점 〈미스터피자〉는 프로슈머 마케팅으로 큰 효과를 본 업체이기도 하다.

〈미스터피자〉에서는 2004년 11월에 여성 고객들을 대상으로 피자 및 파스타의 요리법을 공모하는 '그녀들의 피자 메뉴 콘테스트'를 진행했고, 이때 무려 1000대 1의 경쟁을 뚫고 대상을 차지한 것은 샐러드가 토핑된 피자였다. 그리고 이 피자를 참고로 하여 2005년 '시크릿가든'이라는 신제품 웰빙 피자를 출시했다. 시크릿가든이 기대 이상의 성과를 올리자 〈미스터피자〉는 이후에도 매년 이같은 행사를 정례화하기로 했다.

이와 같은 마케팅이 인기를 끄는 이유는 손님의 입맛과 원하는 바를 정확히 읽어내는 메뉴와 서비스가 아니면 손님을 끌어들이기 어렵다는 판단에서다. 손님은 가장 냉정하고 객관적인 조언자이다. 손님의 목소리에 귀 기울이는 프로슈머 마케팅을 이용해 새로운 메뉴를 개발하는 것은 시도해볼 가치가 충분하다.

마포원조 주물럭집

맛의 비결은 손맛

"한국에는 음식문화가 없다"라는 말을 한다. 외국에 비해 역사와 전통이 깊은 음식이 없다는 의미이다. 그러나 우리 음식의 저변에는 혼이 깃들어 있고 보이지 않는 정성이 숨어있다. 단지 배를 채우고 끼니를 때우기 위한 음식이 아닌 나름대로의 문화와 맛이 깊이 배어 있는 것이다.

이러한 맛의 원동력은 무엇보다도 '손맛'에서 나온다. 그 어떤 향료나 재료보다도 훌륭한 손맛은 좋은 맛을 만들어낸다. 인스턴트 시대를 사는 우리에게 〈마포원조 주물럭집〉은 정성어린 손맛을 느낄 수 있는 진정한 맛의 고향이라 할 수 있다.

예로부터 마포는 나루터가 있어 늘 사람들이 북적대는 번화한 곳이었다. 지금도 마포는 하늘을 찌를 듯한 고층빌딩과 유동인구가 많은 곳 중 한 곳이다. 그러나 어디 한 군데를 돌아봐도 옛날의 마포 나루터는 보이지 않고, 전통을 지키며 내려오는 전통 음식점도 하나 없다.

1970년대 경제성장의 기치 아래 국가경제 발전에 매진할 때, 우리 서민들은 고기를 먹어본다는 것이 최고의 사치였고 꿈이었다. 마포에는 그런 꿈을 저렴하게 누릴 수 있는 곳이 있었는데, 바로 30년 전통의 〈마포원조 주물럭집〉이 그곳이다. 국내 최초로 '주물럭'이라는 메뉴를 개발하여 대중화에 성공했고, 맛과 정성으로 유명한 맛집에 오른 것이다.

정이 담긴 주물럭

쇠고기 등심 주물럭과 시원한 육수의 순수 이북식 냉면이 〈마포원조 주물럭집〉의 대표 메뉴이다. 쇠고기 등심 주물럭은 국내산 최고급 한우를 냉동시키지 않고 잡은 후에 바로 공급받아 신선하다. 특히 통후추를 갈아 만든 소스는 고기의 노린내를 없애고 혀끝을 자극해 고기맛을 한층 더해준다.

사실 주물럭은 전통 음식은 아니다. 주물럭이라는 음식 이름이 말해주듯 "고기를 손으로 주물러서 조리했다"는 것 외에는 별다른 역사가 있지는 않다. 〈마포원조 주물럭집〉은 처음부터 고깃집은 아니었고, 주로 막노동을 하는 사람들이 자주 찾는 식당이었다. 하루는 고된 일과를 마치고 밥을 먹으러 온 사람들이 고기를 먹고 싶어하는 것을 본 주인 할머니가 정육점에서 고기를 사왔다. 하지만 갑작스러운 일이었기에, 고기 양념이 마땅치 않았다.

그래서 식당 안에 있던 참기름, 소금, 후추로 간을 해서 두 손으로 주물러서 먹었는데 그게 너무 맛있는 게 아닌가. 그 음식이 식당의 주 메뉴보다도 인기가 더 많아지자 주위 사람들이 그 고기로 장사를 해보라고 권했다. 그 고기의 이름을 무엇으로 할까 고민하다가 할머니가 주물러서 만들었으니 '주물럭'이라고 부르자는 말이 나왔다.

하지만 '주물럭'에는 '주무르다'라는 뜻 말고도 깊은 뜻이 담겨있다. 첫째는 할머니가 하루의 고단한 일과를 마친 사람들에게 덤으로 쥐어주는 고기에 담겨있는 정(情)이고, 둘째는 할머니의 정성과 오랜 요리 경험에서 비롯된 손맛이다. 즉, 주물럭은 덤으로 쥐어주는 고기에 담긴 정을 통해 서민들의 애환을 달래주는 대표적인 음식인 것이다.

또한 〈마포원조 주물럭집〉은 다른 주물럭집이나 고기집들과는 달리 상향식 환기시설과 엄선된 참숯만을 사용하여 육질의 부드러움과 적절한 기름기를 유지시키는데, 이는 고기를 구울 때 나오는 연기가 자연스럽게 고기를 훈제시키는 것에 비결이 있다. 그리고 고기의 참맛을 느낄 수 있도록 불과 석쇠를 직접 닿게 하는 직화구 이 방식을 사용하고 있는 것도 빼놓을 수 없는 맛의 비결이라고 할 수 있다.

주물럭 다음으로 자랑할 만한 메뉴는 시원한 육수의 이북식냉면이 다. 동치미 국물에 육수를 섞어 만든 국물은 시원함과 함께 담백한 맛을 느끼게 해준다. 또한 메밀을 반죽해 직접 뽑은 면발은 쫄깃쫄깃 하여 먹는 맛을 한층 더해준다. 순수 이북식 냉면이어서 특히 이북이 고향인 실향민들이 고향의 맛을 맛보기 위해 자주 들르기도 한다.

음식점을 창업하려는 사람들이 〈마포원조 주물럭집〉으로부터 배 워야 할 것은 '정성'과 '손맛'이다. 손맛은 기술 이전에 정성이고 오랜 경험이 가져오는 값진 노하우이다. 손님들을 진정으로 아끼 고 배려하는 마음이 없다면, 또 지속적으로 개발하고 노력하지 않 는다면 훌륭한 손맛은 기대할 수 없을 것이다.

문세진의 실전창업노트 16
종업원 관리

"종업원들이 돈을 벌어준다"는 말이 있다. 사장 혼자서 열심히 식당을 운영한다 해도 24시간 음식점에 붙어있을 수는 없다. 종업원들이 손님들을 어떤 마음과 태도, 얼굴 표정으로 맞이하고 대하느냐는 것은 손님들이 그 식당에 대해 어떤 인상을 받느냐와 직결된다. 나아가 손님들에게 어떤 식당을 가고 싶게도 만들고, 불쾌한 마음 때문에 다시는 가고 싶지 않게 만들기도 한다. 그렇기 때문에 종업원 관리는 무엇보다 중요한 것이다.

사장은 직원들을 관리하고 문제가 발생해도 유연하게 대처할 수 있어야 한다. 또한 주방장이나 종업원들이 최대한 능력을 발휘할 수 있도록 격려하고 이끌어주는 것이 필요하다. 그리고 무엇보다 열심히 일을 해 목표를 달성했을 경우에는 어떤 비전과 혜택이 있는지에 대해 구체적으로 설명해주고 계약서를 작성해 고용해야 한다.

아무리 좋은 차라도 도로가 잘 닦여 있지 않으면 앞으로 나아갈 수 없다. 마찬가지로 아무리 열심히 일하더라도 미래가 암담하다면 직원들은 기운이 빠지게 마련이다.

사장은 꿈을 수시로 심어주고, 열심히 일하는 직원에게는 더 많은 성과급을 주고, 주방장이 되고 싶어 하는 종업원에게 관심을 갖고 열심히 하는 모습을 보면 길을 열어주는 등 구체적인 방법으로 직원들을 독려해주어야 한다. 종업원들의 실수가 눈에 보일 때마다 잦은 잔소리를 하기보다는 종업원이 꼭 숙지해야 할 내용들을 근무 수칙으로 정한 뒤에 매뉴얼을 만들어보자. 실수를 하고 싶어서 하는 사람은 없다. 종업원들이 매뉴얼을 지켜서 행할 수 있도록 교육을 시키는 것이 우선 필요하다. 지속적으로 연수를 보내고 기관에서 운영하는 강의나 강좌에 보내어 실력을 향상시키는 것도 잊지 말자. 이것이 직원과 사장 모두 원원(win-win)하는 길이다.

위기를 자산으로 바꾸는 메뉴 마케팅

솜씨 좋은 조리사가 만들어낸 훌륭한 맛의 음식, 호텔 출신 종업원들의 수준높은 서비스, 일류 설계사의 손끝에서 탄생한 인테리어. 이 모든 것으로 세간의 화제가 되었음에도 막상 기대한 만큼 손님이 오지 않는 음식점들이 있다. 이를 의아하게 생각하는 음식점 창업자들은 위기를 극복하기 위해 여러 가지 원인을 분석해본다. 하지만 정작 중요한 원인을 보지 못하는 경우가 있어 안타까울 때가 많다. 그 중 하나를 꼽자면 메뉴의 콘셉트가 고객들의 요구와 크게 벗어난 경우이다.

'메뉴 마케팅'이라는 마케팅 전략이 있다. 이것은 "음식점이 어떠한 메뉴와 분위기로 장사를 하는가"가 매출에 중요한 역할을 한다는 사실을 반영한 마케팅이다. 메뉴와 음식점 콘셉트가 지역 입지와 대상 고객에게 적당치 않다면 아무리 훌륭한 음식과 서비스를 제공한다 하더라도 성공하기는 어렵다. 이때 위기를 기회로 바꾸는 것은 창업자가 해결해야 할 중요하고도 시급한 문제이다.

"위기는 곧 기회다"라는 말이 있다. 원조맛집들의 역사를 살펴보더라도 그들은 수차례 어려움과 위기에 맞닥뜨렸다. 하지만 이를 회피하기보다 정면으로 헤쳐나가는 노력을 통해 오늘의 성공에 이를 수 있었다.

〈미리내막국수〉 또한 메뉴 마케팅을 통해 위기를 기회로 바꾼 성공적인 사례로 꼽을 수 있다. 1980년대, 광화문에서 고등학생과 젊은이 대상의 분식집으로 전성기를 누렸던 〈미리내막국수〉는 서울에서 학교를 다녔던 40~50대라면 모르는 사람이 없을 정도로 유명했다.

당시 광화문 주위에는 학교와 학원이 많았고, 청량리부터 말죽거리 부근 학생들까지 〈미리내막국수〉를 약속장소로 잡곤 했다. 서울대학교와 이화여자대학교 학생들까지 합세해 그야말로 만남의 장소 구실을 톡톡히 했다. 이때 〈선다래〉, 〈풍미랑〉, 〈하얀집〉 등 5개 정도의 비슷한 분식집들이 〈미리내막국수〉를 벤치마킹하며 생겨났지만 결과적으로는 크게 성공하지는 못했다.

1990년대 들어 학교와 학원들이 광화문을 떠나면서 〈미리내막국수〉에도 위기가 찾아왔다. 주고객층이었던 학생들이 떠나고 광화문이 직장인들의 중심지가 되면서 〈미리내막국수〉를 찾는 손님들의 수도 뜸해진 것이다.

하지만 최맹기 사장은 이를 위기로 여기지 않았다. 오히려 기회로 삼아 성공할 수 있었다. 바로 메뉴 마케팅을 실천에 옮겼기 때문이다. 최 사장과 아내는 대치동의 한 성당을 다녔는데, 그 근처 막국수집에서 종종 막국수와 족발, 보쌈을 즐겨 먹곤 했다. 최 사장은 광화문에는 그렇게 맛있게 막국수와 족발을 하는 집이 없다는 것이 떠올랐고, 광화문에서도 막국수를 팔면 장사가 잘 될 것이라는 이야기를 나누기도 했다.

학원가가 분산되는 위기가 닥치자, 최 사장은 이 막국수집을 떠올렸다. 그러고는 주방장을 찾아가 음식 만드는 법을 가르쳐 달라고 부탁했다.

그리고 주방장에게 배운 막국수 기술로 최 사장은 〈미리내막국수〉가 그동안 취급해왔던 떡볶이나 쫄면 등의 분식 메뉴에서 막국수와 보쌈 등 직장인들이 선호하는 새로운 메뉴를 선보였다. 그리고 학생들이 활기차게 모이기 편한 기존의 인테리어에 직장인들이 식사를 하며 차분한 모임을 가질 수 있는 분위기로 리모델링을 착수했다.

그러나 처음 1년 동안에는 장사가 잘 되지 않았다. 여름에 막국수 메뉴를 시작했던 터라 금세 가을과 겨울이 찾아왔다. 찬 음식인 막국수와 족발은 손님들이 여름에 주로 찾는 음식이기에 매출이 뚝 떨어진 것이었다. 최 사장은 조급해하지 않고 때를 기다렸다.

이듬해 봄이 되면서부터 손님들이 몰려들기 시작했다. 손님들은 금세 2층과 3층을 예전처럼 가득 채웠고, 분식집 시절보다 더 호황을 누리기 시작했다. 1970~80년대에 학생이었던 손님들이 40~50대가 되어 가끔 〈미리내막국수〉에 찾아오곤 한다. 예전의 향수를 느끼고자 찾아오는 손님들이다.

〈미리내막국수〉는 이처럼 위기를 위기로 여겨 좌절하기 보다는 기회로 생각하며 적극적으로 대응한 최 사장이 있었기에 지금까지 유지될 수 있었다. 음식점 창업자는 위기 상황에서의 대처 방법과 함께 메뉴 마케팅에 대한 올바른 이해가 필요하다. 지역의 특성과 대상 고객의 파악이 제대로 이루어지지 않아 적절하지 못한 메뉴를 선정한 탓으로 위기를 맞았다면, 어떤 메뉴로 손님을 불러들일 수 있을지를 연구해야 한다. 이를 위해서는 창업자의 발 빠른 정보 수집과 분석력이 필요하다.

메뉴 마케팅을 통해 음식점에 닥친 위기를 극복하다 보면 음식점 내부적으로 '저력'이라는 자산이 축적되고, 손님은 그 음식점의 든든한 자산에 대해 확고한 신뢰를 보내게 될 것이다.

메뉴 마케팅

메뉴 마케팅은 고객층을 분석하는 것에서부터 시작된다. 음식점을 이용하는 손님들이 어떠한 사람들인지를 알아보기 위해 우선 앙케이트 조사를 실시하자. 앙케이트 조사지를 분석하고, 고객층에 맞는 메뉴를 생각해내야 한다. 히트작을 탄생시키는 메뉴 마케팅은 다음과 같은 방법을 통해 결정할 수 있다.

1. 메뉴판 구성을 꼼꼼히 기획하고 디자인하여 만들어라.
2. 메뉴를 표현하는 POP를 잘 활용하라.
3. 간판상품, 인기상품, 서비스(미끼)상품 등을 활용해 가격 테크닉을 적절히 구사하라.
4. 감성 상품이 필요하다.
5. 샘플케이스는 고객 눈높이에 맞추어 설치하라.
6. 심리적으로 부가가치를 높이는 상품명을 정하라.
7. 상품설명 카피를 잘 써라.
8. 특별히 많이 팔고 싶은 상품은 큰 글씨, 큰 이미지, 독특한 색, 명암처리를 하여 메뉴판에서 눈에 띄게 만들어라.

진정한 원조맛집은 소리가 나지 않는다

음식점을 개업할 때 꼭 거치는 과정 중 하나는 주위 사람들에게 음식점을 알리는 '홍보'일 것이다. 주로 전단지를 배포하거나 할인권을 나누어 주기도 하고, POP 광고, 판촉물 제공, 이벤트 개최 등 여러 가지 홍보 수단을 이용한다. 사람들이 많이 접하면 접할수록 그 음식점의 인지도는 높아지게 마련이다.

그런데 정말 맛있는 집이라면 특별한 마케팅이나 홍보를 하지 않더라도 손님들의 입에서 입으로 입소문을 타고 성공할 수 있다. 물론 그렇게 되기 위해서는 개점 전에 수많은 노력과 인내와 열정이 필요하다. 무엇보다 맛을 자신해야 한다. 손님들의 입소문을 타는 데 뭐니 뭐니 해도 중요한 것은 맛이기 때문이다.

오래도록 질리지 않고 성별이나 세대를 넘어 두루두루 사랑받는 음식 중 하나가 족발이다. 족발은 산모에게나 어린이 두뇌활동에 도움이 되고, 여성 피부미용에도 좋다고 알려져 왔다.

족발이라는 명칭은 처음부터 있었던 것은 아니었다. 처음에는 돼지 다리 전체를 사용하는 것이 아니라 돼지 다리의 일부만을 요리하여 판매했는데, 사용 범위가 다리 전체가 되면서 족발이라는 명칭을 갖게 된 것이다.

장충동 족발거리에는 줄잡아 10여 곳의 족발 전문점들이 성업 중이다. 제각각 '원조집'이니 '시조집'이니 '할머니집'이니 하는 문구를 써 붙여놓고, 각자 어디어디 방송에 소개되었다는 것을 큼직하게 써놓아 거리를 지나가다보면 어지러울 지경이다. 도대체 장충동 족발거리의 진짜 원조집은 어디일까?

명성 그대로의 맛

돼지 족발에 관한 한 "내 손끝이 아니면 도저히 이런 맛을 낼 수 없어"라며 자부심이 대단한 할머니 한 분이 계셨다. 바로 고 전박숙 할머니로, 할머니가 창업한 〈원조 장충동 할머니집〉이 바로 장충동 족발거리의 원조맛집이다.

간판도 없는 조그마한 식당으로 출발한 초기, 이 집을 찾은 손님들은 주로 근처 동국대학교 학생들과 장충체육관 관객들이었다. 그들은 할머니가 혼자서 장사를 한다 하여 "할머니족발"이라고 불렀다. 평안북도에서 6·25 전쟁 때 피난을 온 전 할머니는 중국 사람들이 돼지 족발에 양념을 해서 먹는 것을 보았다. '먹오향족'이라 부르던 그 음식을 배워보고 싶었지만 가르쳐 주는 곳도, 가르쳐 주는 사람도 없었기에 혼자 실패를 거듭하며 음식을 만들었다. 그렇게 실패를 하다가 개발하게 된 것이 지금의 장충동 족발이다.

　전 할머니는 1960년대 후반에 이 족발을 아이템으로 잡고 장충동에서 조그마한 음식점을 열었다. 전 할머니가 족발집을 연 후, 장충체육관 인근 거리에는 10여 곳에 이르는 족발집들이 우후죽순으로 들어섰다. 장충체육관에서 동대문운동장 방면 큰길가에 족발집들이 생기기 시작하던 당시, 장충체육관에서 레슬링 경기라도 있는 날이면 이 족발거리는 그야말로 인산인해를 이루었다. 그 때문에 족발집들은 따로 홍보가 필요 없을 정도였다. 〈원조 장충동 할머니집〉은 지금도 저녁 무렵이면 여러 명이 푸짐하게 한 끼 식사를 해결하고자 하는 대학생들과 퇴근 후 술 한 잔을 위해 든든한 안주거리를 찾는 직장인들이 모여들어 1층과 2층이 꽉 찬다.

　수많은 족발집이 기승을 부리고 있지만 〈원조 장충동 할머니집〉은 원조라는 이름답게 훌륭한 맛으로 사람들을 끌어들였다. 그 조리법의 핵심은 족발 본래의 순수한 감칠맛을 온전히 살리는 데 있다. 〈원조 장충동 할머니집〉에서는 한 번에 많은 고기를 사용하고, 그날 고기를 그날 쓰고, 절대 묵히는 법이 없다. 그러나 국물은 다르다. 국물은 버리지 않고, 계속 우려낸다. 기본 양념만을 넣고 고기를 센 불에서 삶다가 약한 불에서 한참을 삶으면 속까지 익으면서 족발 안까지 간이 밴다. 족을 삶을 때 누린내를 없앤다고 생강을 너무 많이 넣으면 오히려 역한 맛이 나기 때문에 전 할머니는 순전히 손에 익은 감각으로 양념을 하여 냄새가 나지 않으면서 맛도 있는 족발을 만들어낸다. 오랜 경험이 비결이라면 비결인 셈이다.

가마솥에서 항시 끓고 있는 국물은 수십 년의 세월과 함께 농액으로 변해 별다른 색소 없이도 족발에 색이 들게 한다. 가마솥의 국물은 그날 줄어든 양만큼 양념을 넣어 다시 끓인다. 즉, 지금 먹는 족발은 10년이 넘는 진국으로 끓여낸 것과 마찬가지이다. 바로 이 농액이 어느 족발집도 흉내 낼 수 없는 원조 족발집만의 맛의 비결인 셈이다. 끓여낸 족발은 주문이 들어옴과 동시에 맛과 향을 위해서 즉시 자르기 시작한다.

구전 마케팅의 힘

처음부터 지금까지 〈원조 장충동 할머니집〉은 특별한 홍보나 마케팅을 한 적이 없다. 텔레비전에서 촬영을 나오면 응하는 정도였다. 이미 〈원조 장충동 할머니집〉은 하나의 브랜드로 인식되고 있기 때문에 돈을 많이 들인 홍보나 마케팅이 따로 필요가 없을 정도다. 〈원조 장충동 할머니집〉을 찾은 손님들이 입소문으로 음식점을 홍보해주었고, 그 주위에 들어선 식당들이 덩달아 홍보를 해주었다.

사실 대부분의 원조맛집들은 문을 열 당시에는 작은 규모로 시작한 생계형 창업의 성격을 띠고 있게 마련이다. 더구나 시대적으로 음식이 문화로 정립되어 있지도 않았기 때문에 제대로 된 홍보를 하기는 어려운 실정이었다. 그저 먹고 살기 어려운 동시대 사람들에게 싸고, 맛있고, 양 많은 식사를 대접하고 그와 함께 자신들의 생계도 동시에 해결하기 위한 방책이었다.

그러므로 식당 문을 열면서 요즘과 같이 요란한 홍보나 마케팅을 하는 것은 거의 생각할 수도 없는 일이었다. 그저 식당을 찾는 손님들의 "맛있다"는 말 한마디면 절로 힘이 났고 그것이 식당을 소문내는, 지금으로 말하면 홍보가 되는 유일한 방법이었다. 바로 구전 마케팅에 의존하고 있었던 것이다.

오늘날에도 입소문, 즉 구전 마케팅의 위력은 유효하다. 사실 마케팅과 홍보 자체가 사람의 입에서 입으로 전해지는 소문의 변화가 발전된 형태라고도 할 수 있다. 요즘 인터넷에서는 건강과 웰빙에 대한 관심과 맞물려 가볼 만한 식당을 소개하고 있는 정보들이 넘쳐나고 있지 않은가. 이 역시 구전 마케팅의 진보된 개념으로 이해할 수 있다.

영업의 원칙을 확실하게 정하고 꾸준히 경영하다 보면 언젠가는 그 음식점을 찾는 손님들의 입에서 "이 집, 정말 최고야!"라는 말을 듣게 될 것이다. 구전 마케팅으로 성공하자면 입소문을 퍼뜨리기 위한 창업자의 노력도 필요하지만, 입소문을 듣고 찾아온 손님이 또 다른 입소문의 진원지가 될 수 있을 만큼 훌륭한 맛과 완벽한 체계를 갖추고 있을 필요도 있다. 〈원조 장충동 할머니집〉에는 창업자가 이루어놓은 탄탄한 맛의 토대 위에 오랜 경험에서 비롯된 맛의 노하우가 덧입혀져서 그 어떤 집도 따라올 수 없는 성공을 일군 것이다.

고객 수 분석 – 재방문 고객수를 체크하라

고객 수를 늘리는 방법을 생각하기 전에 고객 수를 분석하는 것이 우선 필요하다. 그 방법은 다음과 같다.

첫째, 점포에 처음 오는 고객 수를 파악하면서 그 수를 늘리는 방법을 생각한다.

둘째, 처음 오는 고객을 제외한 고객 즉 재방문 고객의 수를 파악하면서 그 수를 늘리는 방법을 생각한다.

그리고 '함께 온 고객'을 주목할 필요가 있다. 그 고객이 처음 오는 고객인가? 재방문한 고객인 경우인가를 파악하는 일이 중요하다. 어쨌든 어떤 점포인가를 알고 난 연후에 재방문한다는 것은 중요한 포인트가 된다. 최초의 방문에 만족했기 때문이라고 판단할 수 있기 때문이다. 만족하지 않은 고객은 두 번 다시 방문하지 않는 것이 외식을 하는 고객의 습관이다. 재방문 고객을 늘리기 위한 방법, 즉 계속 오도록 만들고 더 자주 오도록 만드는 방법을 찾는 것이 바로 외식업을 하는 사람들의 영업활동인 것이다. 채산성을 무시하고 고객만 만족시킬 수는 없는 노릇이기에 물론 쉬운 일은 아니다.

가끔 오던 고객이 무엇인가의 이유로 다시는 찾아오지 않을때, 그들을 위해 판촉활동이 필요하다. 하지만 한 번 오지 않게 된 고객을 다시금 오도록 하는 일은 한 번도 오지 않았던 고객을 오게 하는 것보다도 훨씬 힘들다는 것을 알아야 한다.

남들보다 질 좋은 재료를 써라

음식을 조리할 때는 되도록 단순한 조리법을 사용하고 손님이 재료 자체의 맛을 즐기게 하는 것이 좋다. 여러 재료를 섞거나 조미료를 많이 넣지 않고 되도록 재료 자체 혹은 그 재료의 맛을 가장 돋보이게 하는 한두 가지 부재료를 조화롭게 쓰는 정도로 족하다. 재료의 질이 떨어질수록 강한 양념과 잡다한 여러 가지 부재료로 눈가림을 하는 경향이 강하며 손님들도 이를 잘 알기 때문이다. 재료가 좋으면 좋을수록 양념이나 잔손질로 기교를 부리지 않고도 음식 자체의 깔끔한 맛으로 승부를 낼 수 있다.

그러나 아무리 대량으로 재료를 구입한다 할지라도 좋은 품질의 재료가 가격이 높아지는 것은 자연스러운 이치이다. 반대로 이야기하자면 좋은 재료를 쓰려면 결국 소비자 가격도 어느 정도 이상 책정이 되어야 한다는 것이다.

"반액 할인!" "가격 인하" 등 요즘 어디를 가나 흔한 이런 문구들은 음식점에서도 쉽사리 찾아볼 수 있다. 어려운 경제상황이 지속되면서 어딜 가더라도 이런 문구가 소비자를 유혹한다. 누구나 솔깃한 마음에 싼 제품들을 뒤적거리곤 하지만 결국 이렇게 할인해서 파는 제품들은 원가를 절감해서 만든 것이 대부분이다. 물론 개중에 좋은 품질의 제품이 저렴한 가격에 운 좋게 손에 들어오는 경우도 가끔은 있다. 하지만 큼지막한 글씨로 광고지에 박혀 있는 글자 그대로 유통마진을 줄여서 가격을 내렸다면 좋으련만, 대부분은 재료의 품질이 나쁜 경우이다. 적어도 먹을 것에 있어서만은 조금쯤 비싸더라도 제대로 된 것을 고르고 싶은 것이 많은 사람들의 공통된 바람일 것이다.

담백하고 시원한 북어 요리로 승부하다

중구 다동에는 진인범 할아버지가 1968년 문을 연 이후, 현재 아들 진광진 사장이 대를 잇고 있는 북어해장국의 원조집 〈터줏골〉이 있다. 〈터줏골〉이 개업할 당시만 하더라도 해장국이라고 하면 선지해장국이나 콩나물국, 집에서 끓여먹는 북엇국 정도였다. 〈터줏골〉이 지금의 다동 음식 골목에 터줏대감으로 자리를 잡게 되면서부터 맛있는 북엇국은 점차 해장국으로 상품화되기 시작했다.

〈터줏골〉의 전문 메뉴인 북엇국의 맛의 비결은 한 마디로 '담백함'이다. 그래서 매운맛을 좋아하지 않는 손님이나 일본인이 특히 많이 좋아한다. 사골 국물에 강원도산 북어와 두부를 넣고 계란을 풀어 끓여 부드럽고 개운하며 담백하다. 국물이나 건더기를 더 먹고 싶으면 원하는 만큼 추가할 수 있다.

북어는 어장에서 잡아서 바닷가에서 그대로 말린 통북어를 두드려서 쓴다. 북엇국은 간단하면서도 손이 많이 가는 요리이다. 일주일에 북어 2~3천 마리 정도를 받는데 일일이 손으로 다듬어야 하기 때문이다. 작두로 토막을 내고 가시를 바르고 지느러미를 떼어낸다. 자연에서 말리기 때문에 먼지가 많아 털어내는 작업도 해야 한다. 기계는 북어 살이 많이 으깨지기 때문에 사용하지 않는다.

이런 정성도 물론 돋보이지만 〈터줏골〉이 다른 수많은 북엇국 집들과 차별되는 또 하나의 비결은 북어를 강원도 고성과 묵호 등지에서 들여온다는 것이다. 동해안에서 잡히는 북어는 국물이 제대로 우러나고 맛도 고소해서 북엇국을 끓이는 데 제격이다. 중국산으로는 맛이 우러나지 않기 때문에 가격이 싸도 쓰지 않는다. 강원도 진부령 덕장에서 1년치를 미리 주문해 쓰고, 마늘을 물론 밥에 안치는 검정콩까지 충주와 음성에서 계약재배 해온다.

지금까지 질 좋은 북어를 구하기 위해 늘 최선을 다해온 진 사장도 요즘은 연세 지긋한 어르신들의 시절만큼 질 좋은 북어를 구하기가 힘들다고 말한다. 동해안의 북어 어획량이 워낙 줄어들었기 때문이다. 그러다 보니 〈터줏골〉에 오랜 세월 북어를 대주던 집조차도 요즘은 물량을 공급해주는 데 버거움을 느낄 정도가 되었다. 하는 수 없이 진 사장은 강원도 구석구석을 발품을 팔며 뒤져야 했다. 북어를 생산하는 마을마다 찾아다니면서 〈터줏골〉에서 쓰고 있는 북어를 보여주며 이와 같은 북어를 구해줄 수 있는지 물었고, 그렇게 해서 지금까지 〈터줏골〉의 북어해장국 맛을 어렵사리 지켜가고 있는 것이다. 〈터줏골〉의 맛은 그 맛을 지키고자 하는 진 사장의 정성에서 비롯된 셈이다.

언젠가 손님 한 분이 북엇국을 천천히 음미하며 먹고 나더니 진 사장에게 이런 말을 했다.

"음식, 참 잘 먹었습니다. 사실은 〈터줏골〉에 북어를 대고 싶어서 왔습니다. 그런데 막상 북어와 북엇국을 먹어보니 이 정도의 맛을 낼 수 있는 북어를 댈 수는 없을 것 같네요."

진 사장이 북어를 구하기 위해 강원도 지역을 다니다 보면 가끔은 속초나 동해안에서 중국산 북어를 국산 북어로 둔갑시켜 파는 이들이 있다고 한다. 그만큼 중국산 북어가 국산 북어를 대체하는 현상이 일반화되고 있는 것이다. 하지만 진 사장은 북어의 빛깔이나 냄새만 맡아 보고도 그 진위를 파악할 수 있을 정도로 북어에 관한 한 전문가이다. 그리고 황태는 깊고 고소한 맛이 없고, 중국산 역시 기계로 말리기 때문에 자연에서 말린 북어와는 맛에서 확연히 구별된다고 한다.

지금까지 38년 동안 〈터줏골〉에서는 아무리 값이 절반밖에 안 되는 중국산 북어나 황태라 하더라도 값이 저렴하다는 이점을 이용해서 그 재료로 북엇국을 끓인 일이 없다. 〈터줏골〉의 원조 북엇국 맛을 낼 수 없다면 〈터줏골〉의 존재 자체가 무의미하다고 생각하기 때문이다.

음식점을 창업하려는 사람이라면 더 많은 돈을 벌기 위해, 더 편하게 일하기 위해 스스로와 고객을 속여서는 안 된다는 진 사장의 음식 철학을 누구나 배워야 할 것이다. 정직하게 맛을 만들고, 맛이 곧 음식점의 상징이 될 수 있을 정도로 맛을 만드는 데 심혈을 기울여야 한다. 방부제 섞인 건어물, 농약에 찌든 과일과 채소, 공업용 색소를 넣은 제과제빵, 횟가루 섞인 두부, 톱밥을 물들여 만든 고춧가루 등 먹는 고객 입장이 아니라 파는 사람의 입장에서 음식을 만드는 비양심적인 행위는 절대 해서는 안 된다. 최고의 음식은 최고의 음식 재료로부터 비롯된다는 사실을 한시도 잊어서는 안 된다.

음식 재료 조달법

좋은 음식 재료를 구하기 위해서는 음식 재료 조달능력이 필요하다. 특히 야채와 수산물, 축산물 등 신선함이 생명인 식품들은 품질과 가격이 천차만별이므로, 좋은 음식 재료를 적당한 가격에 구할 수 있는 능력이 반드시 필요하다.

우선 음식 재료 업자와 신뢰를 쌓는 것이 중요하다. 그러기 위해서는 스스로 발품을 팔며 돌아다니면서 좋은 음식 재료를 찾고, 그 음식 재료를 공급해줄 수 있는 업자를 찾아 관계를 맺고 꾸준히 거래를 하면 된다.

거래 방식은 현금으로 익일 입금방식을 택하는 것이 가장 좋다. 공급업자들이 가장 선호하는 조건이 바로 '현금 지급'이다. 이는 품질 좋은 재료를 우선 제공받을 수 있는 비결이기도 하다.

또한, 스스로 발품을 팔며 돌아다니면서 음식 재료에 대한 감각을 기르는 한편 음식 관련 잡지나 책, 신문, 인터넷 등 정보에 늘 관심을 기울이고 있어야 한다. 그래야만 빠르게 변화하는 시대의 흐름에 맞추어 고객이 원하는 맛을 낼 수 있는 음식 재료를 구할 수 있을 것이다.

어느 정도 규모가 있는 음식점의 경우에 좋은 음식 재료를 공급받을 수 있는 방법 중 한 가지를 소개하자면, 두 군데 업체를 정해 서로 경쟁하도록 하고 번갈아가며 거래한다. 그러면 공급처에서는 최상의 재료를 공급하기 위해 자연히 노력하게 된다. 복수거래를 할 때는 먼저 각 거래 업체들에게 사정을 터놓고 이야기를 하면 신뢰에 크게 금이 가지 않는다.

대를 이어가는 원조의 맛에는 이야기가 있다

　정확한 통계가 있는 것은 아니지만, 서울에서 20년 이상의 전통을 가진 음식집은 대략 350여 곳으로 추산되고 있다. 하지만 2~3대에 걸쳐 대를 이어 식당을 하고 있는 집들로 범위를 한정하면 그 수는 현저하게 줄어든다. 그리고 서울에서 수십 년간 간판을 내걸고 영업을 하는 원조맛집들은 대부분이 사대문 안과 마포에 집중되어 있으며, 그 밖의 지역에서는 원조집을 찾기 어렵다.

　많지는 않아도 수십 년 동안 대를 이어 가며 음식 맛을 이어 가고 있는 원조집들은 요즘 들어 더욱 관심을 받고 있다. 이는 우리 사회에 웰빙 열풍과 무관하지 않다. 잘 먹고 잘 살기 위해서는 맛도 있으면서 건강에도 좋은 훌륭한 음식을 먹어야겠는데, 이른바 원조 음식집들은 이런 면에서 수십 년의 세월 동안 충분히 검증된 곳이기 때문이다.

특히 우리나라 사람들은 수십 년의 세월 동안 검증된 맛 이외에 '또 다른 무언가'를 중요하게 생각한다. 그것은 바로 수십 년 동안 원조맛집에 켜켜이 쌓여온 세월과 역사, 그 속에 담긴 '이야기'이다.

그 이야기 속에는 그 집의 주인과 손님들이 함께 만들어 오거나 혹은 함께 만들어 가는 감동이 묻어 있다. 그리고 그 감동에는 수십 년 원조집을 찾았고, 찾고 있고, 앞으로도 찾을 이들의 애정과 신뢰 또한 깃들어 있다.

강남구 압구정동 현대백화점 건너편 골목에 자리 잡고 있는 〈함경도찹쌀순대〉는 1970년에 이북 출신의 할머니가 문을 열었다. 이후 할머니의 큰 시숙이 2대째 운영하다가 현재는 할머니의 손자인 고창희 사장과 부인이 3대째 운영하고 있다. 이 집의 주요 메뉴는 창업 때부터 지금까지 함경도 식의 찹쌀순대와 가자미식해이다.

보통 순대에는 당면이 들어가지만, 돼지의 대창과 소창 등 내장을 사다가 다듬어서 직접 만드는 찹쌀순대에는 찹쌀, 멥쌀, 좁쌀, 두부, 숙주, 선지 그리고 갖은 야채 등 28가지의 재료들이 들어간다. 특히 돼지는 한약재를 먹여 키운 게르마늄 돼지를 쓰며, 내장을 삶을 때는 겨자와 인삼을 함께 넣기 때문에 특유의 돼지 비린내가 없고 부드럽다.

가자미식해는 토막 낸 가자미에 무, 좁쌀, 고춧가루, 생강, 마늘 등 양념을 넣고 삭힌 일종의 젓갈류 음식이다. 고슬고슬하게 지어진 조밥에 잘 배합된 양념이 맛의 비결이다. 식사를 할 때 김치처럼 기본 찬으로 나오는데, 가자미식해와 순대는 궁합이 맞아 같이 먹으면 제격이다.

추억의 힘으로 몰려드는 단골손님들

〈함경도찹쌀순대〉에는 유독 먼 지역에 사는 손님들이 많이 찾아온다. 이들 가운데에는 한 번 올 때마다 순대를 아예 상자째 사 가는 이들도 많다. 그리고 창업 초부터 단골이 된 손님들이 많다.

이 손님들은 가끔씩 고 사장이나 아내조차 모르는 가게에 얽힌 이야기를 들려주곤 한다. 특히 초창기에 가게가 작고 비좁아, 가게 밖에 신문지를 깔고 순대를 사먹던 이야기를 많이들 한다. 길바닥에 신문지를 깔고 둘러앉아 찹쌀순대를 먹던 기억은 개개인에게 추억으로 남겨졌고, 〈함경도찹쌀순대〉만이 가져다 주는 추억거리가 된 것이다.

한 번은 대학생으로 보이는 젊은 손님 한 분이 얼마 전에 돌아가신 아버지가 무척 좋아하던 음식이라며 순대를 사러 왔다. 순대를 아버지 산소에 사가려는 것이었다. 그는 〈함경도찹쌀순대〉에 오니 아버지가 생각나는지 한참동안 아버지와 〈함경도찹쌀순대〉와의 인연을 들려주다가 돌아갔다. 고 사장은 이처럼 〈함경도찹쌀순대〉와 관련한 사연이나 이야기를 들려주는 손님들을 대할 때마다 원조맛집의 역사를 자신의 손으로 이어 나가고 있음에 보람을 느끼게 된다고 한다.

원조맛집들이 지켜온 맛에 관련한 이야기나 여러 사연들을 들을 때 우리는 삶을 관통하는 교훈을 얻기도 하고, 감동을 느끼기도 하고, 한없이 부러운 마음을 갖기도 하며, 때로는 빠르게 변하는 현실에 안타까워지기도 한다.

원조맛집의 이야기는 주인과 손님들이 함께 만들어 가는 역사이다. 그 이야기 속에는 주인과 손님이 함께 등장하기 때문이다. 그래서 원조집을 운영하는 이들은 자신만이 주인이라고 말하지 않는다. 지금의 원조집이 있을 수 있었던 데에는 그 집을 사랑하고 아껴온 손님들이 있어서였다고 생각하기 때문이다.

음식점마다 손님들과 함께 이야기를 만들어보자. 이야기가 있는 맛, 이야기가 있는 음식점에 동참하는 손님들이 그 음식점이 단골이 되는 것은 시간문제가 아닐까?

간단한 아이디어만으로도 매출은 높아진다

이야기가 있는 맛집이 되기 위해서는 이야기를 만들 여건을 조성해주면 된다. 삼겹살 프랜차이즈 체인점을 운영하는 한 사장은 프랜차이즈 본부의 지원이 부족해 고민하던 차에 전문가의 도움을 받아 새로운 메뉴를 개발하고, 서비스 방법도 다양하게 도입했다. 그 결과 손님들에게 음식과 서비스에서 좋은 점수를 얻으면서 연일 만석이 되는 현상을 꾸준히 이어갈 수 있게 되었다.

이 집에는 특별한 것이 있는데 바로 20~30대 손님을 끌어안기 위해 고안해낸 '닉네임 아이디어'가 그것이다. 나이 어린 여성들이 종업원이나 주인을 부를 때 부담을 느끼지 않도록 종업원들은 "오드리 햅반", "아기공룡 둘째", "순대렐라" 등 재미있고 부르기 쉬운 이름을 정하여 이름표를 가슴에 크게 붙였다. 이렇게 하자 손님들은 "여기요!" 대신 "순대렐라!"하고 부르면서 점차 종업원과 손님이 친밀해졌고 분위기가 좋아졌다. 그러면서 점점 객단가(물건을 한번 살 때 지불하는 평균 금액)가 오름세를 보였고 자연히 매출도 증가했다.

이처럼 간단한 아이디어 하나가 가게의 매출을 높이기도 줄이기도 하므로 늘 남들과는 다른 신선하고 독창적인 아이디어 개발에 노력해야 한다.

입맛을 길들여라

아무리 시대가 흐르고 세대가 바뀌어도 꿋꿋하게 손님을 끄는 음식점들이 있다. 바로 서민적이고 한국적인 음식을 파는 한정식 집이다. 한정식은 마치 집에서 먹는 것과 같은 친근함과 편안함을 주기 때문에 사계절을 가리지 않고 손님들에게 인기를 얻을 수 있다. 사실 유행을 타는 음식은 고객들의 연령에 제한이 따른다. 게다가 서민적인 한식당을 찾는 사람들은 이국적이고 색다른 분위기만 찾는 것이 아니기 때문에 인테리어에 많은 비용을 투자하지 않아도 된다는 장점도 있다.

단, 한식당이 너무나 많기 때문에 쉽게 창업을 할 수 있는 만큼 성공하기도 어렵다는 것도 생각해 봐야 한다. 그런데 이 문제는 음식점을 찾는 손님들의 특성을 조금만 깊이 생각해본다면 쉽게 해결될 수 있다. 우리는 음식을 먹을 때 입에 익숙한 음식을 고집하는 습성이 있다. 예컨대 어머니가 해주시는 김치 맛에 익숙해진 사람은 맛이 다른 김치를 먹으면 거부감을 느끼게 된다. 찌개나 반찬도 마찬가지다.

즉, 어떤 음식점이든지 고객의 입맛을 길들인다면 그 고객을 단골로 만들 확률이 높아지는 셈이다. 김치찌개나 가정식 백반 같은 한식 메뉴를 파는 음식점의 반찬들을 생각해보자. 대부분 비슷하다. 한두 종류의 김치에 멸치볶음 등의 마른 밑반찬, 비슷비슷한 나물류, 샐러드 등이다. 치열한 생존경쟁에서 살아남으려면 종류에 한계가 있고 맛의 차이도 크지 않은 음식을 다른 음식점의 음식보다 강하게 부각시킬 수 있어야 한다.

지금부터 친근한 음식 맛으로 손님의 입을 사로잡고 그 맛에 길들이게 함으로써 많은 사람들의 사랑을 받고 있는 한식당 하나를 소개하고자 한다. 바로 한정식집 〈은정〉이다.

맛깔스런 한정식으로 입맛을 길들인다

허술한 외관 때문에 사람들이 그냥 지나치기 쉬운 한정식집 〈은정〉은 인사동에 자리잡고 있다. 1970년대 문을 열어 30년 넘는 역사를 지니고 있는 〈은정〉에서는 갈비찜과 전, 잡채가 포함된 화려한 점심상을 받을 수 있는데 반찬의 가짓수와 정갈한 음식 맛에 비해 가격이 저렴한 편이다. 그리고 격식을 갖추기보다는 마치 집에서 먹는 것과 같은 분위기여서 편하게 앉아서 배를 두드리며 먹을 수 있다. 이곳에서 식사를 한 손님들이 가장 많이 하는 말은 바로 "맛깔스럽다"라는 말이다.

창업자인 이은정 할머니는 〈은정〉을 운영하기 전에도 식당을 운영했던 터라 음식에 대한 노하우가 풍부하고 음식 솜씨도 뛰어났다. 같은 재료를 써도 할머니의 손을 거치면 음식의 맛이 훨씬 맛깔스러웠다.

그렇다면 〈은정〉은 어떻게 손님들의 입맛을 길들일 수 있었을까? 그 비결은 창업 당시부터 지금까지 직접 담그는 된장과 고추장, 장맛에 있다. 이은정 할머니가 직접 담가 손님들에게 대접했던 정신이 지금까지 이어져 〈은정〉에서는 직접 장을 담근다. 현재 주방에서 일하는 사람들은 할머니와 함께 몇 년 동안 주방을 지키며 요리를 배워왔던 사람들이기에 맛을 이어나가는 데 문제가 없다. 고급 한정식보다 저렴하고 상차림도 투박하지만 그 맛만큼은 어느 음식점에서도 따라할 수 없는 〈은정〉만의 맛의 비결은 바로 이 장맛에 있는 것이다.

한식의 맛은 손맛도 중요하지만 장독대에서 그 맛이 나온다고 해도 좋을 만큼 '발효'가 차지하는 중요성이 크다. 이 장맛이 손님의 입맛을 길들이는 것이다. 장맛에 길들여지면 다른 음식점의 음식을 먹게 되었을 때 뭔가 이상하고 빠진 듯한 허전한 기분을 느끼게 된다. 마치 조연들의 개성 있는 연기가 주연을 더욱 돋보이게 하고 극 전체의 분위기를 한껏 살리는 것처럼 음식에도 감초 역할을 톡톡히 하는 맛의 기본이 필요한 것이다.

 적절한 메뉴를 선정했다면 그 메뉴의 탁월한 맛을 지킬 수 있는 노력이 수반되어야 한다. 그 '무엇'이 필요할 때 장을 이용해보자. 손님들의 입맛을 길들일 수 있는 '개성'을 만들어보자.

장 관리법

된장관리 : 담근 된장을 뜰 때는 마른 숟가락이나 주걱을 사용해서 뜨고 빈자리는 채워서 꾹꾹 눌러 다져야 한다. 여름철에는 파리나 벌레가 생길 수 있으므로 망사나 거즈로 장독 입구를 덮어두고 고무줄로 묶어두자. 된장의 윗면에 랩이나 비닐봉지를 딱 들러붙게 덮어두면 된장의 색이나 맛이 변하는 것을 막을 수 있다.

 된장에 물이 고이고 곰팡이가 생기면 곰팡이와 물을 떠낸 후에 큰 그릇에 넣어 곱게 빻은 메줏가루를 더운물에 버무려서 섞고 소금간도 약간 세게 맞추도록 한다.

고추장 관리 : 고추장을 익힌 재료를 바로 버무린 것이므로 담근 후에는 하룻밤 동안 김이 나갈 수 있도록 두어야 한다. 담근 즉시 덮어버리면 더운 김이 완전히 빠지지 않아 습기가 찬다. 고추장 항아리를 선택할 때는 되도록 입이 좁은 것을 택하여 고추장이 공기에 노출되어 색이 검어지고 맛도 나빠지는 것을 방지하도록 하자.

또한 고추장이 끓어올라 넘칠 때는 고추장을 전부 솥에 쏟아 붓고 뭉근한 불에서 달이고 소금을 약간 더 넣어주면 해결된다. 고추장이 잘 익게 하려면 단지에 담은 후에도 얼마간 계속 저어주는 것이 끓어오르는 것을 방지하고 간도 고루 맞출 수 있는 비결이다.

3장

원조맛집만의 서비스 마인드

– 원조맛집은 세 번 감동시킨다

원조맛집은 세 번 감동시킨다

　사람들은 누군가에게 사랑을 표현하고 싶을 때 그 사람을 위해 감동을 기획한다. '감동(感動)'은 글자 그대로 사람의 마음을 움직이는 힘을 가지고 있기 때문이다.

　최근 외식업계에 불고 있는 감동 마케팅은 침체되어 있는 시장을 활성화시킬 수 있는 강력한 무기로 떠오르고 있다. 감동 마케팅은 고객을 기억하는 것에서부터 출발한다. 충성도 높은 고객의 이름을 기억하고, 그 사람이 어떤 메뉴를 즐겨 찾는지, 어떤 행동 습관이 있고, 어떤 일을 하는지 등과 함께 그 사람 주변의 일까지 함께 공유할 수 있어야 한다.

　감동 마케팅은 어려운 것이 아니다. 점포를 찾는 고객에게 따뜻한 말 한마디와 함께 맛있는 음식을 제공할 수 있다면, 그래서 고객의 마음이 훈훈해진다면 그것이 바로 감동 마케팅인 것이다. 이렇게 손님과의 유대관계를 가지기 시작하면 손님이 원하는 메뉴 개발은 물론 빠르게 변화하는 소비자 성향을 정확하게 반영할 수 있게 되고 손님은 계속 방문하게 될 것이다.

대부분의 원조맛집들은 음식의 맛만큼이나 오래된 손님들과의 관계를 통해 감동적인 이야기들을 만들어내는 경우가 많다. 그 감동적인 이야기들은 입소문을 타고 다른 손님들에게 전파되어 그들만의 차별화 요건을 이끌어내는 역할을 한다.

원조맛집들이 만들어내는 감동은 깊다. 하지만 감동을 이끌어낼 수 있는 치밀한 기획이나 세련된 서비스 마인드가 매뉴얼로 정립되어 있는 곳은 매우 드물다. 이에 반해 각본에 의해 감동을 이끌어내는 곳이 있다. 강남에서 대패삼겹살로 유명한 〈논현동 원조쌈밥〉이 바로 그곳이다.

〈논현동 원조쌈밥〉은 삼겹살과 쌈밥을 선보이며 1993년 개업했다. 이때 '쌈밥'이라는 메뉴가 국내에 처음으로 등장했다. 다양한 지역 특성이 반영된 쌈밥은 삼인분을 시켜도 네다섯 명이 먹을 수 있을 만큼 푸짐하다. 쌈을 먹을 때 끓여 나오는 충청도식 해물쌈장 또한 맛볼 수 있다.

삼겹살을 대패처럼 얇게 썬 '대패삼겹살'도 이곳에서 처음 내놓았다. 보통 삼겹살은 두껍게 썰어져 나오기 때문에 쌈을 싸 먹으면 나중에 입 안 가득 고기만 남게 되어 쌈과 고기를 함께 즐기기 어렵다. 하지만 종이처럼 얇은 대패삼겹살은 훨씬 편하게 쌈을 싸먹을 수 있다. 〈논현동 원조쌈밥〉에서는 독특하게도 삼겹살을 불판에 올리기 전에 소스에 담근다. 이 소스는 돼지고기 맛을 없애주는 40여 가지 재료로 만든 것이다.

삼겹살과 쌈밥은 별다른 반찬이 없더라도 입맛을 돌게 해주어 많이들 즐겨 먹는다. 그러나 많이 찾는 만큼 음식점 수 또한 많을 뿐더러 두 가지 음식 모두 원재료로 승부해야 하는 특성이 짙어 다른 식당과 차별화하기가 쉽지 않다. 하지만 〈논현동 원조쌈밥〉에서 쌈밥과 삼겹살을 먹으려면 줄을 서서 기다려야 할 정도이다. 그 비결은 백종원 사장이 늘 강조하는 말 속에 담겨 있다. "손님의 만족, 아니 감동은 세 번에 걸쳐서 일어나야 한다"는 것이다.

우선 첫 번째 감동은 손님이 음식을 먹을 때 '맛'과 '양'에서 느껴야 한다. 〈논현동 원조쌈밥〉을 처음 찾는 대부분의 손님들은 어느 정도 소문을 듣고 오기 때문에 식당 안으로 들어가면서부터 기대를 하기 시작한다. 하지만 돌돌 말린 채 쟁반에 수북이 쌓여 나오는 대패삼겹살을 보고는 '에이, 이렇게 말려 있으니 양이 많아 보이지만 실제로는 많지 않을 거야'라고 생각한다. 그런데 먹다 보면 맛도 맛이지만, 쌈과 고기의 양이 예상보다 많아 놀라게 된다. 손님들은 음식의 양이 적을 것이라는 자신의 예상이 무너지는 그 순간, '역시 소문대로군'하는 생각이 들면서 만족을 느끼고 감동을 받는다.

 그리고 두 번째 만족은 카운터로 와서 지갑을 여는 순간이다. 손님들 대부분이 '음식의 맛이나 양이 저 정도니 값도 꽤 나왔겠지?'라고 생각하며 지갑을 연다. 그리고 "얼마죠?"라고 묻는다. 그 순간 카운터의 종업원이 영수증을 건네며 음식값을 알려주면 거의 손님 대부분이 "그것밖에 안 돼요?"하고 되묻는다. 그렇게 묻는 손님들의 얼굴에는 미소가 번지기 시작한다. 또 한 번 자신의 예상이 어긋나면서 두 번째로 만족하며 감동을 받는 것이다.

 처음 음식집을 들어갈 때와 나올 때의 마음이 엄청나게 변화를 일으키면서 이 두 번의 만족과 감동은 절묘하게 교차하게 된다. 백 사장은 이 두 번의 만족과 감동이 절대로 동시에 일어나서는 안 된다고 말한다. 어느 정도의 시간 간격을 두고 일어나야 그 효과가 두 배, 세 배로 증폭될 수 있기 때문이다.

 백 사장은 이 두 번의 감동을 잇는 세 번째 감동으로 손님들을 완전히 매료시킨다. 세 번째 준비된 감동이란 바로 주차 서비스이다.

음식점을 찾아갔다가 주차 때문에 진땀을 흘려본 경험은 누구나 한 번쯤 있을 것이다. 이런 손님들은 주차를 전적으로 알아서 해주는 〈논현동 원조쌈밥〉 직원들의 서비스를 받으며 그야말로 최고의 감동을 느낄 수밖에 없다. 어떤 손님들은 세 번에 걸쳐서 밀려오는 감동 때문에 미안한 마음까지 들 정도라고 말한다. 이처럼 손님들의 만족과 감동의 폭을 더욱 증폭시키기 위해서는 잘 짜여진 계획과 각본 그리고 연출력이 필요하다고 백 사장은 강조한다.

요즘은 다만 한 가지라도 그 집만의 특별한 무엇을 만들어 가지고 있지 못하면 어떤 식당도 살아남을 수 없는 세상이다. 손님의 만족과 감동을 무엇보다 중시하는 백 사장의 서비스 원칙은 "손님이 '여기요'하고 부르기 전에 달려가라"이다. 동시에 "오버하지 말라"고 당부한다. 과잉친절로 손님을 끌던 시대는 갔다고 생각하기 때문이다.

〈논현동 원조쌈밥〉에서 일어나는 세 번의 감동에는 백 사장의 이 두 가지 상반된 서비스 원칙이 절묘하게 배합되어 있다. 손님들의 예상보다 한 발 더 앞선 서비스를 통해서 손님들의 감동을 기획하고, 손님들이 미안한 마음이 들 정도의 감동을 통해 자신감과 소신이 배어 있는 서비스를 만들어 나가는 것, 그것이 바로 백 사장이 원조맛집을 운영하는 철학이다.

누구나 쉽게 할 수 있다고 생각하지만 실천하기 힘든 것이 감동 마케팅이다. 따라서 누가 먼저 시행하느냐에 따라 가장 큰 효과를 누릴 수 있는 곳이 결정될 수밖에 없다.

감동 마케팅

고객이 감동할 수 있는 요소들에는 맛, 양, 서비스, 가격, 이벤트를 들 수 있다. 이렇게 감동시킬 수 있는 요소들이 많은데도 고객에게 감동을 주지 못한다면 음식점을 운영하는 사람으로서 자질이 부족하다고 생각해야 한다.

여러 요소들 중에 한 가지만으로 성공한 음식점도 있지만 대부분 2가지 이상 만족스러운 곳이 성공 가능성이 높고, 오랫동안 성업하는 경우가 많다. 음식점의 성공 요소들 즉 맛, 양, 서비스, 청결, 입지, 인테리어, 접근의 용이성(주차장) 등을 각 분야별로 점수를 매기다 보면 최고점수를 받는 점포가 성공 가능성이 가장 높기 때문이다.

요즈음은 한 가지만 잘해서 성공할 수 없는 시대다. 따라서 점주가 멀티 플레이어가 될 수 있도록 노력하여 배워야 한다. 특히 맛에만 매달리는 경우가 많은데, 맛은 기본이고 서비스를 배우는 데에도 상당한 시간이 걸린다는 것을 알아야 한다. 종종 손님들이 반찬을 더 달라고 할 때가 있다. 바쁘다 보면 신경 못쓰고 넘어갈 때가 있는데, 그럴 경우에 다시 요구하지 않고 그냥 반찬이 부족한 채로 식사를 하는 손님들이 있다. 그런 손님들은 다음에 다시 오지 않을 확률이 크다.

손님이 부르는 것을 귀찮아해서는 안 되며, 반찬 같은 것들은 오히려 미리 알아서 준비해 드려야 한다. 자신이 미리 알아채지 못한 것을 손님이 불러준다면 고맙게 생각하며, 그런 손님에게는 더 푸짐하게 드리는 것이 서비스의 기본이다.

손님을 가족처럼 대하라

외식업계의 성공 주자들이 이야기하는 성공 비결 중 하나는 "언제나 고객의 입장에서 생각하라"는 것이다. 또한 그들은 고객을 행복하게 만들어줄 때 자신들도 가장 행복하다고 말한다. 고객의 불평을 만들어서 망한 기업은 있어도, 고객의 불평과 불만을 해결해주려다 망한 기업은 없다.

이러한 원칙은 "고객을 감동시키고 행복하게 만들려면 어떻게 해야 하는가?"라는 고민에서 시작된다. 그리고 고객의 소리를 듣고 시정하는 데 최선을 다해야 한다.

식당을 창업해 성공적으로 운영한다거나 오랜 역사를 지닌 맛집으로 키우는 일은 유명한 음식점을 그대로 흉내 낸다거나 검증된 프랜차이즈 가맹점이 된다고 해서 가능해지는 것이 아니다. 메뉴를 구성하고, 맛을 차별화할 수 있는 노하우를 개발하고, 서비스 마인드를 정립하고, 손님이 좋아할 만한 인테리어를 갖추고, 작은 소품 하나까지 신경 써서 손님이 식당을 사랑하도록 만들어 나가야 한다.

원조맛집들의 창업주나 2대 혹은 3대 사장들을 만나 이야기를 하다 보면 그들이 들려주는 식당의 역사와 성공 비결 속에서 한 가지 큰 공통점을 발견하게 된다. 그들은 식당을 창업하고 운영해오는 동안 언제나 손님들의 만족과 편안함을 최우선으로 했다는 사실이다.

중구 필동에는 40년 넘는 세월 동안 '죽'이라는 음식 하나로 명성을 쌓아온 집이 있다. 전통 보양식인 죽을 현대인의 입맛에 맞춰 상업화한 죽 전문점 〈松竹〉이다. 서울 시내에 몇 개의 죽 전문점을 생기게 만든 원조집 〈松竹〉은 일단 한 번 맛을 보고 나면 후회하지 않는 맛집이다.

사골 국물을 끓여 만드는 보양죽

〈松竹〉만의 맛의 비결은 물 대신 사골 국물로 죽을 끓이는 데에 있다. 〈松竹〉의 이의자 사장은 원래 간호사였다. 그래서 맛뿐 아니라 영양적으로도 훌륭한 죽을 만들어낼 수 있었다. 환자들이 먹는 죽이 너무 맛이 없다는 점에 착안한 이 사장이 물이 아닌 사골 국물을 이용해 죽을 만든 것이 〈松竹〉만의 개성으로 자리 잡은 것이다.

육수는 한우 사골만으로 10시간 이상 고아 사용하는데, 소금간만 하면 금방이라도 후루룩 마실 수 있을 만큼 뽀얀 진국이다. 이를 냉동시킨 후 윗부분에 얼어 있는 기름 부분을 싹 걷어내 버린다. 그 다음 한 번 더 다시 끓여서 사용한다. 쌀은 멥쌀을 사용하는데, 미리 불려놓았다가 사골 국물에 넣고 쌀이 퍼질 때까지 20~30분 동안 푹 끓인 다음 죽 종류에 따라 재료를 넣고 끓이면 전복죽과 버섯굴죽, 야채죽, 새우죽, 잣죽, 닭죽 등의 다양한 죽으로 변신한다.

이 사장은 음식 맛은 재료의 선택부터 시작된다고 말한다. 그래서 매일같이 새벽 3시에 가락동 농수산물시장을 찾아 단골 거래집을 돌며 장을 보는 것으로 하루 일과를 시작한다.

마음을 전하는 서비스

항상 넉넉한 마음으로 장사를 하고자 하는 이 사장은 손님이 죽을 더 달라고 할 때 추가로 돈을 받지 않는다. 손님을 손님으로 대하기보다는 가족으로 대한다. 내 가족에게 행복을 주고 싶은 마음으로 손님을 대한다.

"식당 창업을 하는 사람들은 음식의 맛도 뛰어나야 하지만, 손님을 대하는 노하우가 있어야 성공할 수 있다"고 이 사장은 강조한다. 그래서 언제나 손님들과 대화를 나누려고 한다. 손님들이 말하는 의견이나 불평을 적어두고 기억해 두었다가 이를 식당 운영에 반영하기 위해서이다. 이 또한 손님을 조금이라도 편하게 모시고, 만족시키려는 노력의 일환이다.

몇 년 전에는 항암주사를 맞는 암 환자가 매일 죽을 먹으러 왔었다. 그런데 어느 날부터 그 손님이 몸이 많이 아파 직접 죽을 사러 올 수 없게 되자 〈松竹〉의 직원이 먼 곳에 있는 손님의 집까지 배달을 갔다. 이 손님은 건강을 회복했고 지금도 〈松竹〉을 찾고 있다고 한다.

〈松竹〉의 직원이 당시의 기억을 떠올리며 말하길, 환자 손님들이 죽을 먹고 건강을 되찾았을 때 가장 큰 행복을 느낀다고 한다. 이 사실 하나만으로도 〈松竹〉이 손님의 만족과 행복을 얼마나 크게 생각하는지를 말해준다.

한 번도 식당 자리를 옮긴 적이 없는 〈松竹〉은 40년이 넘는 역사를 지니고는 있지만 규모는 그리 크지 않다. 대신 깨끗하고 위생적인 식당을 유지하기 위해 지금도 하루에 세 번씩 청소를 하며, 매일 식당 내부를 철저히 소독하는 등 위생 관리에도 정성을 다하고 있다.

외식업 창업을 하려는 사람이라면 〈松竹〉과 같이 주인의 입장에서 고객의 입장으로 발상을 전환할 필요가 있다. 손님을 가족처럼, 때로는 친구처럼 대하자. 아무리 무뚝뚝한 손님이라도 마음속으로 다음 번을 기약하며 식당을 나서게 될 것이다.

문세진의 실전창업노트 23
고객응대 비결

고객에게 좋은 서비스를 제공하기 위해서는 손님을 응대하는 기술이 필요하다. 교육을 통해 이런 기술을 배울 수 있는 것이 발전된 외식업의 매뉴얼이라고 할 수 있다.

고객을 친구처럼 편안히 대할 수 있기 위해서는 오랜 시간이 필요하다. 하지만 기본 교육부터 차근차근 배워가면 그리 어려운 것도 아니다. 친구가 역삼동의 정통 일식집으로 자리를 옮기면서 손님을 어떻게 대해야 좋을지 몰라 겁이 난다고 했던 적이 있었다.

그때 답했던 말은 간단했다. "너의 진실된 모습을 보여주어라, 손님에게 한 수 배우겠다는 생각을 가지고 대하면 손님들은 너를 친구처럼, 아우처럼 대해 줄 것이다"라는 말을 해 준적이 있다. 고급

일식집에 자주 드나드는 손님은 이미 많은 음식점을 다닌 미식가들이 많기 때문에 손님에게 요리에 대해 자랑을 하려 든다거나 하인처럼 고개를 숙이는 모습은 바람직하지 않다. 단지 고객을 진실한 마음으로 대하는 요리사의 모습을 잃지 않았을 때 고객은 친근감을 느끼고 계속 단골이 될 것이다.

고객이 불만을 느끼지 않도록 할 수 있는 응대 기술 몇 가지를 소개하자면 다음과 같다.

1. 음식이 제공되는 시간을 잘 조정하라

한 테이블에서 몇 가지 음식을 주문한 경우 음식이 제공되는 시간이 조절돼야 한다. 한 번에 다 제공된다든지 늦게 제공된다든지 하여 고객의 기분이 상하는 경우를 막으려면 전표를 불러주는 직원이 음식이 만들어지는 시간을 명확히 알고 있어야 한다. 그래서 대형 음식점에서는 주방과 홀 사이에 '윈도우'라는 명칭의 부서가 있어 음식의 제공 시간을 관리한다. 그렇지 않으면 뜨거운 음식이 미지근하게 제공된다든가, 차가운 음식이 차갑게 제공되지 못하는 경우가 생긴다.

2. 품절 목록을 고객에게 미리 알려라

단순한 메뉴를 취급하는 점포에서야 문제가 되지 않겠지만 메뉴의 종류가 많은 업소에서는 메뉴 중에 품절 품목이 있으면 미리미리 홀 종업원에게 전달해 고객이 주문하기 전에 알려야 한다. 고객이 주문을 하고 나서 주방에서 안 된다고 했을 때 고객은 분명 실망하고 불쾌함을 느끼게 된다.

3. 주문을 정확하게 확인하라

주문의 틀림, 전달의 틀림, 잘못 들음을 없애야 한다. 이는 주문을 받을 때 다시 한 번 확인하는 것으로 피할 수 있다. 숙련된 종업원은 확인하지 않아도 실수가 없을 것이라 생각할 때가 많지만 역시 간혹 실수가 생긴다. 또, 비용이 많이 든다고 POS(주문처리 및 매출관리 시스템)기의 도입을 미루는 업소가 많은데 원활한 업무처리를 위해서 POS는 꼭 필요하다. 주문처리가 원활해지고 일손이 적게 들고 매출관리가 쉬워지는 등 장점이 많다.

컨설팅을 위해 자료를 요청하면 손으로 직접 적다가 중도에 그만둔 노트 한 권을 가지고 오는 점포도 있었을 정도로 기록의 관리를 소홀히 하는 점포가 많다. 이는 영업 대처능력이 떨어지는 원인이 된다.

손님이 할 일은 '맛있게 먹는 것' 단 하나뿐이다

같은 음식이라도 그것을 먹는 방식에 따라 맛은 다를 수 있다. 만약 고깃집에서 손님이 고기를 구울 필요 없이 주방에서 가장 맛있는 상태로 구워져 나온다면 어떨까? 손님은 제대로 굽기 위해서 고기를 뒤집으며 신경 쓸 필요 없이 맛있게 구워진 고기를 먹기만 하면 될 것이다. 음식점을 찾는 손님들이 가장 바라는 것은 맛있는 음식을 즐거운 분위기에서 맛있게 먹는 것이다. 그렇기 때문에 손님이 맛있는 음식을 최대한 맛있게 먹고 돌아갈 수 있도록 서비스를 하는 것은 음식점이라면 반드시 고려해야 할 부분이다.

〈조선옥〉은 한국전쟁 이전에 문을 연 전통 깊은 갈빗집이다. 1970년대 중반까지만 하더라도 중국집 〈안동장〉, 설렁탕집 〈니암장〉과 더불어 을지로의 3대 식당으로 불리던 곳이다. 〈조선옥〉에서 새어나오는 갈비 냄새를 그냥 지나칠 수가 없어 일부러 먼 길을 돌아서 다녔다는 이야기가 있을 정도로 옛 서울 사람들에게 〈조선옥〉의 갈비는 의미가 남달랐다. 주인이던 이금순 할머니가 세상을 떠나고 아들에 이어 지금은 손녀딸이 맡아 운영하고 있으니 3대에 걸쳐 가업을 이어오고 있는 셈이다.

무엇보다 〈조선옥〉하면 생각나는 것은 바로 '갈비 맛' 인데, 오랜 세월 동안 〈조선옥〉 갈비가 한결같은 맛을 유지해오고 있는 것은 바로 주방장 박준규 씨가 있기 때문이다. 1959년에 일을 시작한 그는 40년 넘게 〈조선옥〉의 갈비 맛을 지켜오고 있다.

〈조선옥〉에서는 손님이 고기를 굽지 않는다. 주방장이 주방에서 직접 맛있게, 제대로 구워서 내주는 특이한 방식으로 운영된다. 고기는 누가 어떻게 굽느냐에 따라 맛이 현저하게 차이나기 때문이다.

주방장이 그때그때 불 조절을 하고, 중간 중간 고기에 양념이 골고루 배이게끔 국물을 끼얹어가며 굽는 갈비는 최상의 맛이다. 만약 손님이 먹다가 덜 익었다고 불평이라도 하면 다시 주방으로 가져가서 손님의 입맛에 맞도록 더 구워 가져다준다. 예전에는 손님이 뜯어먹던 갈비라도 손님이 원하면 더 구워줄 정도였다. 가끔씩은 갈비가 바뀌어 한바탕 소동이 나기도 했는데 싸움이 아니라 말 그대로 즐거운 소동이었고, 이는 〈조선옥〉만의 이야깃거리로 남았다.

〈조선옥〉은 지금도 연탄불에서 석쇠로 고기를 굽는다. 초창기에는 숯에 구웠는데, 숯이 빨리 꺼지고 많은 손님을 감당해내기가 어려워 연탄불로 바꾸었더니, 더 맛이 있다는 것을 발견했다. 한우 갈비를 진간장, 참기름, 마늘, 설탕 등으로 맛을 낸 양념장에 하루 동안 폭 재웠다가 연탄불에 구우면 진하지 않은 달콤한 양념이 배이고, 부드러운 고기가 완성된다.

주방에서 연탄불에 고기를 구워 내오는 것은 그만큼 〈조선옥〉이 손님 한 사람 한 사람에게 최선을 다해 맛있는 갈비 맛을 선보이려 노력하고 있다는 증거이다. 이러한 노력으로 말미암아 〈조선옥〉은 수십 년 단골들의 사랑을 받으며 원조맛집으로써의 입지를 굳힐 수 있었다.

손님에게 사랑받는 서비스는 손님이 원하는 것을 충족시켜주는 서비스이다. 창업자는 손님이 식당에서 최대한 즐겁고 행복하게 음식을 먹고 돌아가는 것이 가장 중요한 역할임을 기억하고, 어떻게 해야 손님이 음식을 더 맛있게 먹을 수 있을지를 끊임없이 연구하고, 이와 관련된 좋은 사례들을 찾아서 벤치마킹해야 할 것이다.

DM 발송

음식점의 상권은 생각보다 넓지 않다. 홍보용 DM 작업이라도 할라치면, 우편을 사용할 수밖에 없다. DM 작업 이전에 먼저 알아야 할 것은 우편으로 홍보물을 받으면 봉투를 뜯기도 전에 버리는 경우도 많다는 사실이다. 보내는 사람 입장에서는 봐주는 효과가 있는 DM을 보내야 한다. 그러기 위해서는 항상 반응이 있는 고객들만으로 따로 DM 리스트를 만들어 두어야 한다.

전단지를 나눠줄 때는 점주가 직접 전하는 것이 바람직하다. 신문에 넣어 보내면 필요치 않은 지역까지 들어가게 되어 전단지 비용을 헛되이 쓰는 결과를 낳는다. 무료로 넣어주는 경우가 아니면 추가 비용까지 들게 된다. 반경 1㎞ 정도의 구역이면 직접 우편함에 넣는 것도 좋으며, 주변 사무실이나 주택의 사람들과 마주치면 인사 정도는 나누어라. 그러면 훨씬 효과가 크다. 이런 경우, 경비도 절감되며 무엇보다도 종업원의 참여의식이 높아질 수 있다.

전단지는 어쨌든, 눈에 띄어야 한다. 단 한 번만으로도 좋다. 내용은 기억하지 못하더라도 점포에 대한 잔상이 남아있도록 하는 것이 중요하다. 이를 위해서는 만드는 사람 입장에서가 아니라 '보는 사람' 입장에서 생각하는 것 외에는 방법이 없다. 여러 가지 내용을 적는 것보다는 간단히 적으면서 눈에 띄게 하는 것이 중요하다.

300g의 고집으로 일구어 낸 성공 신화

창업자에게 필요한 것은 우선 마음가짐이다. 어깨의 힘을 뺀 겸손함, 철저한 서비스 마인드, 모든 책임을 내 탓으로 돌리고 문제를 스스로 해결하려는 자립심 등으로 완전무장 되어 있어야 한다. 이런 각오 없이는 갈수록 치열해지는 창업 시장에서 살아남기 힘들다.

특히 중요한 것은 정직을 통해 신뢰를 쌓는 일이다. 고객으로부터 신뢰를 쌓는 것은 하루 이틀 만에 할 수 있는 일은 아니다. 1년이 걸릴 수도, 10년이 걸릴 수도 있다. 하지만 일단 고객의 신뢰를 얻고 나면 아무리 어려운 시기가 오더라도 매출에 큰 타격을 받지 않는다. 정직을 통해 신뢰를 쌓은 대표적인 원조맛집으로 〈마포진짜 최대포집〉이 있다.

어려웠던 시절 서민들의 중요한 단백질 공급원이 되었던 돼지갈비, 특히 마포에는 돼지갈비타운이 형성되어 있다. 그 중 〈마포진짜 최대포집〉은 1955년에 문을 열어 자리를 바꿔가며 50여년째 영업을 계속하고 있다. 이곳은 등받이 없는 의자에 드럼통, 자욱한 연기 속에서 익어가는 돼지갈비와 껍데기로 상징되는 마포 돼지갈비의 원조격으로 여겨지고 있는 맛집이기도 하다.

마포의 고깃집들이 특화된 이유는 바로 〈마포진짜 최대포집〉의 창업자인 최한채 할아버지 때문이다. 마장동 도살장에서 일했던 할아버지는 곱창이나 껍데기 등 버리는 고기들을 손질해서 끼니를 때웠는데, 그 후 대폿집을 하면서 그런 고기를 받아다가 단골들에게 서비스로 냈다. 서비스 안주로 나오던 고기들의 인기가 좋아지자 정식 메뉴로 올리게 됐고, 그 후 마포 고깃집들이 자랑하는 별미로 자리 잡은 것이다. 최대포집이 잘 되면서 마포의 비슷한 갈비집들이 생겨났고, 음식 메뉴들도 그렇게 비슷해졌다.

하지만 돼지고기로 유명한 이 집의 특선 메뉴는 삼겹살이 아니다. 삼겹살 대신 갈비를 비롯해 소금구이, 곱창, 염통, 껍데기 등 부위별로 다양한 메뉴와 조리법을 선보이고 있다. 주력 메뉴는 소금구이로, 소금을 뿌려서 담백하게 구워먹는 맛이 일품이다. 또한 갖은 양념을 해서 재두었다가 구워먹는 갈비, 껍질을 벗겨내어 양념을 한 껍데기를 비롯해 소 곱창과 대창, 소 심장인 염통, 콩팥, 떡심 등 보통 고깃집에서는 맛보기 힘든 특수 부위를 선보이고 있다.

돼지갈비의 대명사처럼 되어버린 〈마포진짜 최대포집〉의 2대 최정호 사장은 1대 최 옹과 수도 없이 싸웠다고 한다. 최정호 사장의 가장 큰 불만은 고기를 파는 음식점이라면 대부분 고기 정량을 일단 300g이라고 표기하고 200g을 주는 데 반해 최대포집에서는 반드시 300g을 지키는 것이었다.

부모님이 그렇게 장사를 한다는 말을 듣기만 했을 때는 그저 장사꾼의 말일 뿐이라고 생각했다. 그런데 최 사장이 장사를 맡아서 해보니 정말이었다. 처음에는 쟁반 무게까지 포함해 300g이겠거니 했다. 그런데 쟁반 빼고 300g이었다.

2인분이 나갈 때는 쟁반이 50g이라면 650g이어야 맞는데 직원들은 오히려 700g을 달아서 고기를 내보내고 있었다. 왜 그렇게 고기를 많이 담느냐고 물으면 최 옹이 이전부터 그렇게 하라고 했다는 대답만 했다. 직원들도 다른 것은 최 사장 말을 잘 따랐지만 오직 하나, 300g만은 철저히 고집했다. 그래서 최 사장과 직원들의 마찰이 끊이지 않곤 했다. 결국 직원들이 최 사장에게 최 옹의 허락을 받아오라는 제안을 하기에 이르렀다.

 하지만 최 옹은 절대 허락하지 않았다. "사람 손은 오차가 있다. 실수를 해서 고기가 덜 나갈 수도 있지 않느냐"라고만 할 뿐이었다. 최 사장이 "그럼 실수로 더 많이 나가면요?"하고 물었더니 "우리는 손해가 있어도 손님은 더 많이 드시고 횡재한 것 같은 기분에 웃으며 돌아 가시지 않겠냐"고 했다.

 최 사장은 장사를 못 하겠다고 떼를 쓰기도 했다. 그러다 결국 최 옹에게서 "좋다, 그럼 어차피 네 명의로 된 가게이니 네 맘대로 해라. 하지만 나 죽고 나면 그렇게 해라"라는 말을 들었다. 당시 최 옹은 몸 상태가 좋지 않았고, 유언이나 다름없는 말씀이었기에 최 사장은 결국 망할 때 망하더라도 아버님 유언이나 지켜드리겠다는 마음으로 300g 정량을 지키며 장사를 계속했다고 한다.

 그런데 이 300g은 그냥 300g이 아니었다. 식당이 여러 가지 문제로 마장동에서 양평동으로 이사했다가 다시 동도고등학교 맞은편으로 이사를 했는데, 예전 단골손님들은 오랜 시간 헤매면서까지 찾아왔다. 여기 저기 물어 물어 어렵사리 식당까지 와서 하는 말은 바로 "누구 허락받고 이사했어요?"였다. 아무리 자주 가던 식당이라도 없어지면 아쉬울 뿐, 어디로 갔는지 물어서 찾아가지는 않는 것이 보통이다.

 그때 최 사장은 이런 생각이 들었다고 한다. '나는 내 자신의 가

게를 저 손님들만큼 좋아했던가?'

어떻게 생각하면 그 단골손님들이 긴 세월 동안 가게를 사랑해 주었고, 그 손님들의 호주머니에서 나온 돈으로 자신 역시 대학까지 마치면서 사회인으로 커 온 것이 아닌가 하는 생각이 들었다. 그리고 그제서야 아버지가 왜 300g이라는 고기의 양을 수십 년 동안 고집하셨는지 그 이유를 알 수 있었다.

"300g을 지키려면 질 나쁜 재료로 지키는 데 급급하지 말고, 네가 손님들께 할 수 있는 한도 내에서 최고의 재료로 300g를 지켜라"하는 말씀 속에는 음식의 질을 항상 소중히 하라는 당부와 함께 형식적이 아니라 마음에 담겨 있는 서비스를 잊지 말라는 가르침이 있었다. 또 "결코 손님을 기만하지 말라"는 것이기도 했다. 최 옹이 그렇게 고집해온 300g 속에는 모든 게 담겨 있었던 것이다.

폴란드산 돼지에서 몸에 해가 되는 성분이 검출되었다는 사실이 대대적으로 보도되고 논란이 된 적이 있었다. 물론 돼지고기를 파는 음식집들이 큰 타격을 입었다. 최 사장도 뭔가는 해야 할 것 같아서 가게 안에 현수막을 제작해 걸었다. "우리는 수입 고기를 쓰지 않는다"는 내용이었다. 최 사장은 그 현수막을 걸면서도 손님들이 장사꾼의 말을 곧이곧대로 믿어줄 것이라고는 기대하지 않았다. 그런데 놀랍게도 손님들이 그 현수막에 적인 말을 100% 믿는다는 느낌을 받았다.

손님들이 오면 직원이 장난기를 섞어 물었다. 왜 다른 식당에 가지 않고 최대포를 찾으시냐고. 그때 손님들은 "다른 집에서 하는 말을 어떻게 믿어? 수입인지 국산인지. 국산 쓴다고 하지만 장사꾼 말을 어떻게 믿어?"라고 했다. 다시 직원이 "저희는 장사꾼 아닌가요? 저희는 어떻게 믿고 오세요?"라고 물으면 "최대포가 하는 말은 믿을 수 있어. 최대포가 하는 말은 거짓말이 아니거든"이라는 대답이 돌아왔다.

결국 최 옹이 지켜온 '300g의 양심'을 통해 손님들은 믿음과 신뢰를 갖게 되었던 셈이다. 최 사장은 음식점을 창업하려는 사람에게 "돈에 한이 맺혔다면 해라. 망하지 않는 방법 정도는 알려주겠다. 하지만 정말 어렵고 힘든 일이다"고 말한다. 그래도 해보겠다고 하면 "손님들께 부끄럽지 않게 양심을 지켜가기만 하면 된다. 그러면 절대로 망하지 않는다"고 한다. 정말 기본이 되는 말이고 당연한 말인데, 이 말을 마음으로 깨닫게 되기까지 최 사장은 참 오랜 시간이 필요했다.

결국 〈마포진짜 최대포집〉과 같이 원조맛집들은 음식의 차별화된 맛과 손님들의 만족을 우선하는 정직을 바탕으로 오랜 세월 동안 손님들의 신뢰를 쌓아왔던 것이 큰 성공요인으로 작용한 셈이다. 이를 통해 여간한 문제에는 영향을 받지 않을 만큼 뿌리가 깊어진 것이다.

손님의 마음을 읽는 서비스

외식업에서 손님과의 만남은 일회성으로 그치는 것이 아니라 일생동안 지속되는 것이다. 그러므로 한 사람을 만족시키면 주위 많은 사람들에게 영향을 미쳐, 결국 한 사람뿐만 아니라 수많은 사람들을 얻게 되는 결과를 낳는다.

서비스는 눈에 보이고 손에 잡히는 구체적인 물건이 아니므로 "서비스가 좋다" 혹은 "나쁘다"하는 가치는 제각각 손님마다 보고 느끼는 각도에 따라 달라질 수 있다. 그러므로 창업자는 늘 손님의 입장에서 손님이 무엇을 원하는지 생각하고 이해하여 고객을 최대한 만족시켜야 한다.

손님의 마음을 읽기 위해서는 사장이 아니라 손님의 입장이 되어 보아야 한다. 자기의 음식점에서 손님의 입장이 되어 음식을 먹고 서비스를 받아보면 완벽하게 여겨졌던 서비스의 허점이 나타날 것이다. 또한, 서비스가 좋다는 음식점을 찾아다니며 그 음식점의 손님이 되어 서비스를 받아보도록 하자. 손님이 들어올 때와 음식을 주문할 때 그리고 음식을 먹는 중과 후에 어떤 서비스를 하는지 살펴보고, 벤치마킹하자.

직원이나 점주가 손님에게 실수를 했을 때 바로바로 처리하는 것 또한 신뢰를 쌓는 방법 가운데 하나다. 실수를 했을 경우 깔끔하게 처리할 수 있는 원칙들을 소개한다.

1. 적극적으로, 신속히 처리한다. 예컨대 손님이 "요리 안에 이물질이 들어있어요"라고 한다면 생각하거나 확인할 필요없이 바로 "정말 죄송합니다. 곧 다시 해 올리겠습니다"라고 말한 후에 대처 방법을 찾아야 한다.
2. 손님의 질책을 충고로 여겨라. 질책도 관심이 있는 사람이 할 수 있는 법이다. 고객의 관심과 기대에 감사하고, 그 고객이 다시 방문할 수 있도록 조치를 취한다.
3. 고객의 신상에 피해를 끼쳤을 때에는 특히 성의를 다해 신속히 처리한다.
4. 처음 대응을 중요시한다. 먼저 솔직히 사과하는 것이 중요하다. 만약 손님의 옷을 더럽혔다면 우선 사과를 하고 옷을 닦아준 후 세탁비를 지불하거나 쿠폰을 제시하는 등 정성껏 처리해주어야 한다.
5. 처리할 내용은 상사에게 반드시 보고한다.
6. 변명하거나 투덜대지 않는다. 마지막까지 실수의 이유와 과정을 충분히 설명한다.
7. 고객의 요구로 음식을 다시 만들더라도 기분 좋게 만든다.

고객 곁에 변함없이 함께 한다

음식점 창업 후 실패한 사람들의 전형은 돈의 힘을 너무 믿는다는 것이다. 그럴 듯한 시설에 자본만 있으면 얼마든지 성공할 수 있을 것으로 생각한다. 그들은 창업 초기 의욕만 앞서 대형 점포를 선호했다가 크게 실패하는 경우가 많다.

현재 인구 67명당 1명꼴로 음식점이 급증한 탓에 실패할 확률은 그만큼 높아졌고, 실패할 경우 자금 회수는 불가능하다고 보아야 한다. 음식점 창업 초보자들은 모쪼록 장사꾼으로서의 정신무장을 갖추는 것을 첫째 과제로 삼아야 하겠다.

손님들은 맛과 서비스의 작은 차이도 곧바로 알아차리는 귀신들이다. 그러므로 창업자들은 맛과 서비스에 늘 변함이 없도록 노력해야 한다. 하지만 말처럼 쉬운 일은 아니다. 그렇기 때문에 더 많은 노력과 연구, 인내가 필요하다.

명동의 별미 따로국밥

휘황찬란한 상가들이 밀집되어 있는 명동 2가. 이곳에 전혀 어울리지 않는 허름하고 낡은 모습으로 지금까지 무려 36년 동안 자리를 지키고 있는 원조맛집이 있다. 바로 〈명동따로국밥〉이다. 〈명동따로국밥〉이 생기던 당시만 해도 국밥이라고 하면 처음부터 국에 밥을 말아서 내놓는 것이 보통이었다. 그런데 손숙애 사장의 친정어머니는 당시 서울에서는 다소 낯선 방법으로 국밥을 만들었다. 국물에 밥을 말아주는 것이 아니라 고향인 경상남도 마산에서 먹던 식으로 쇠뼈를 푹 끓인 국물과 밥 한 그릇을 따로 내어 놓았다. 밥과 국을 따로 내놓는다고 해서 음식의 이름도 아예 "따로국밥"이라고 부르게 됐다. 다른 집들과 좀 다르게 시도했던 것이 히트를 친 것이다. 그러자 너도나도 따로국밥을 메뉴로 내놓기 시작하면서 지금은 마치 따로국밥이 고유명사처럼 쓰여지고 있다.

〈명동따로국밥〉은 초기부터 지금까지 가게 모습이 거의 그대로이다. 해마다 칠만 새로 하는 정도라 아주 오랜만에 오는 손님들도 하나도 변한 게 없다고 말한다. 이것 또한 〈명동따로국밥〉이 수많은 음식점이 난무하는 명동 한복판에서 30년 넘게 버틸 수 있었던 이유이다.

　가게가 성공을 거두자 체인점 제안도 있었다. 하지만 모두 거절했다. 욕심을 크게 부리지 말고 할 수 있는 이상은 하지 않겠다는 손 사장의 경영이념이 작용하기도 했지만, 뼈저린 실패의 경험도 한몫 했다.

　손 사장의 아들이 강남에 80평짜리 대형 국밥집 분점을 낸 적이 있었다. 그때 손 사장은 자신과 함께 일하던 사람을 보내서 관리하게 했지만 〈명동따로국밥〉만의 음식 맛이 제대로 나오지 않았다. 그래서 강남의 대형음식점은 8개월 만에 손해만 보고 문을 닫았다.

　늘 변함없는 음식 맛을 내는 것은 쉬운 일이 아니다. 손 사장은 가격이 비싸도 재료는 늘 최고의 것으로만 사용하려 한다. 〈명동따로국밥〉 아무리 재료가 비싸져도 늘 변함없이 그 양, 그 맛 그대로를 지킨다. 맛의 원천인 선지는 제일 좋은 것을 쓰고, 신선하고 부드럽게 하기 위해 전날 하루 동안 물에 우려서 핏물을 뺀다. 손 사장은 음식 장사를 하고자 한다면 성의껏 좋은 재료로 장사하라고 조언한다. 외식업은 다른 장사보다 이문이 박한 것을 각오하고 시작해야 한다며 마음은 다른 장사하라고 말하고 싶지만 음식 창업에 뜻이 있다면 크게 욕심부리지 말고, 최선을 다해 변함없는 맛과 서비스를 지키라고 강조한다.

〈명동따로국밥〉은 새벽 한 시쯤 되면 일제히 청소를 시작한다. 식당을 이전하거나 리모델링하는 대신 위생 관리를 철저히 하고 있는데, 이 역시 중요한 서비스 중 하나라고 생각하기 때문이다. 명절을 제외하고는 휴일도 없어 직원들은 일요일에 교대로 쉬며 일을 한다. 손 사장 역시 교회에 나가는 일요일에나 외출하여 한꺼번에 못했던 일들을 처리한다.

〈명동따로국밥〉에서는 늘 최선을 다해 손님을 대하고, 변함없는 맛으로 손님들에게 신뢰를 준다. 이곳 사람들은 돈의 힘을 믿지 않는다. 대신 맛과 서비스가 갖는 힘을 믿는다.

문세진의 실전창업노트 26
주방 서비스

직접 손님을 맞지는 않지만 주방에서도 서비스 마인드는 필요하다. 손님 앞에서 조리를 하는 식당들도 있는데, 이런 경우라면 서비스 기술을 익혀놓는 것이 꼭 필요하다. 손님을 대하는 것은 결코 쉬운 일이 아니다.

고객이 눈앞에 보이지 않더라도 주방에서 음식을 만드는 사람은 늘 신경 써야 하고, 늘 고객을 직접 응대하는 홀 서비스 직원의 애로사항을 헤아리려는 노력이 필요하다. 이것이 순조롭지 않을 때 주방의 조리사와 홀 종업원 사이에 다툼이 일고, 이는 매장 전체 분위기 또한 어수선하게 만들기 십상이다. 흔히 홀 서비스 직원과 주방의 조리사가 부딪히는 경우는 다음과 같다.

첫째, 주방의 조리사가 고객의 입장에서 생각하지 못하는 경우

둘째, 홀 종업원의 입장을 생각하지 못하는 경우

셋째, 주방의 시스템이 부족한 경우

주방장이 홀에서 일하는 종업원을 함부로 대하면 서비스의 질은 나빠진다. 대부분 홀 종업원들은 주방장보다 나이가 어린 편이다. 그렇다고 함부로 대하면 당연히 홀 직원들은 주방장과 말하는 것을 꺼리게 된다. 다른 주방 직원들도 주방장처럼 홀 직원들을 성의껏 대하지 않을 확률이 크다.

고객에게 만족할 만한 서비스를 하려면 주방의 협조가 꼭 필요한데, 꺼림칙한 마음에 망설이게 되면 고객서비스의 질이 떨어지는 것은 정해진 수순이다. 일하기 힘들다는 소리가 나올 뿐더러, 손님 테이블에 접근하는 것조차 겁내게 되고 떨어진 서비스의 질로 인해 불만이 쌓여가는 고객들은 점차 가게를 찾지 않을 것이다.

반대로 생각하면, 결론은 간단해진다. 홀 서비스를 하는 사람이 주방에서 지원이 잘 된다고 느끼게 되면 고객 요구를 수용할 자세

가 마련되기 때문에 공격적인 서비스가 가능해진다. 따라서 고객과의 관계도 좋아지고, 단골손님은 늘게 된다.

영업장에서 일하는 사람이라면 누구라도 "고객이 있기 때문에 자신이 존재할 수 있다"는 이 당연한 원칙 하나만 분명히 마음에 새긴다면 서비스의 질은 충분히 달라질 것이다.

식당 창업에서 맛과 메뉴는
최소 요건에 해당한다.
결국 성패를 좌우하는 것은 차별화된 '어떤 것들' 이다.
음식의 맛에도 차별성이 있어야 하듯이
식당 인테리어와 외관, 하다못해 그릇 하나에도
남들과 다른 우리 식당만의 '이미지' 가 필요하다.

4장

원조맛집의 차별화 전략

- 손님이 길을 물어 찾아오는 음식점을 만들기까지

남들과 다르면 맛도 다르다

우리나라는 음식점 수가 무척 많다. 전국적으로 60만 개가 넘는 식당이 영업을 하고 있고, 경제활동인구를 기준으로 하면 인구 50명당 식당 하나가 있는 셈이다. 게다가 매달 2만 개의 식당이 새로이 생겨나고 있고, 매년 50만 명의 예비 외식 창업희망자가 대기 중이다.

음식점을 창업한 사람이라면 누구나 한 번쯤 해 봤음직한 고민, 바로 경쟁해야 할 식당 수가 너무 많다는 것이다. 특히 주변의 비슷한 메뉴를 선보이는 식당들은 더욱 신경이 쓰이게 마련이다. 같은 '김치찌개'라는 메뉴를 가지고 성공하기 위해서는 손님들의 시선을 끌고 단골을 확보할 수 있는 힘이 있어야 한다. 이때 필요한 것은 식당을 대대적으로 알리는 홍보보다는 타 식당과 차별화시킬 수 있는 전략이다. 경쟁 관계에서 가장 중점을 두어야 할 부분은 손님들의 마음에 '이 집은 다른 집과는 뭔가 달라', '이 집은 이러 저러하기 때문에 오고 싶다'라는 생각이 들게끔 만드는 것이다.

1970년 개업한 〈서문회관〉은 유문자 사장 특유의 손맛으로 손님을 끌었고, 지금까지 이어지고 있다. 한 장소에서 30여 년간 영업을 해온 〈서문회관〉은 서울시 지정 전통 한국음식점이며, 또한 한국관광공사 지정 한국 대표음식점인 원조맛집이다. 영문판과 일어판 홍보책자에도 소개되어 외국인 관광객들이 많이 찾아오는 관광명소이기도 하다.

새로운 차별화 전략, 주방 개방

〈서문회관〉의 주메뉴는 김치찌개와 만두김치전골, 갈비, 갈비탕이다. 이는 여느 식당에서나 취급하는 품목으로 당연히 주변 식당과의 경쟁이 클 수밖에 없다. 그래서 〈서문회관〉은 1980년대 초 당시로는 매우 새로웠던 전략을 썼다. 바로 '주방 개방'이었다. 주방이라는 공간은 손님들에게 공개하기 어려운 공간이다. 음식을 취급하는 모습과 음식이 만들어지는 전 과정이 보여지기 때문이다. 식당 중 일부는 다소 비위생적인 주방을 보유하고 있기도 하고, 이런 저런 이유로 대부분 음식점들이 주방을 공개하기를 꺼려한다.

그런데 〈서문회관〉에서는 과감하게 주방을 개방하여 고객들이 직접 조리하는 모습을 볼 수 있도록 했다. 위생적인 면에 대한 자신감의 표출이었고, 이러한 전략이 적중해 손님들에게 큰 환심을 살 수 있었다.

〈서문회관〉은 음식은 내 식구가 먹는다는 생각으로 깨끗하고 신선한 재료를 아끼지 않고 썼다. 경북 봉화에서 한약재와 약초를 먹여 사육한 고기를 사용하는데 육질이 아주 연하고 부드러우며 숯불에 구워 먹으면 그 맛이 일품이다. 밥공기도 옛날부터 쓰던 큰 그릇을 그대로 쓰고 있어서 밥의 양이 다른 집보다 많은 것이 특징이다.

같은 음식이라도 조금만 달리 생각하면 손님을 사로잡을 아이디어를 만들어낼 수 있다. 〈서문회관〉의 갈비는 양끝에 홈이 있는 불판에서 굽는다. 갈비 육수를 그 홈에 붓고 거기에 다시 냉면 사리(불사리)를 넣어먹거나 그 국물에 밥을 비벼먹는다. 이렇게 먹는 것이 손님들의 호응을 얻었고, 결국 히트를 쳤다. 이것이 바로 아이디어인 것이다.

〈서문회관〉에서는 어떤 메뉴든지 〈서문회관〉만의 독창적인 맛으로 새롭게 개발해서 만들어낸다. '만두김치전골' 역시 〈서문회관〉이 새롭게 개발한 메뉴이다.

만두김치전골은 손님들이 가장 많이 찾는 음식 중 하나로 처음부터 있었던 것이 아니라 추가로 개발된 메뉴이다. 〈서문회관〉을 찾는 손님들은 주로 김치찌개와 손만두를 주문했는데, 유심히 지켜보니 두 메뉴를 같이 시켜 먹는 손님들이 많았다. 그래서 두 음식을 한데 모아 새로운 메뉴를 만든 것이 바로 '만두김치전골'이었고, 이것이 큰 인기를 끌었다.

여기에 만두김치전골과 함께 내놓는 밑반찬을 깔끔하고 정갈하게 구성하여 만두김치전골 메뉴를 더욱 손님들이 찾도록 만들었다. 〈서문회관〉은 김치도 맛있기로 유명하다. 경기도 안성에서 김장을 담가 비닐하우스에 보관해서 쓰는데 찌개용 김치는 따로 보관하고 김치를 볶아서 김치찌개를 만든다. 김치뿐만 아니라 양념이나 다대기 개발에도 노력을 쏟고 있다.

그 집 아니면 안 되는 '무엇'을 만들어라

〈서문회관〉은 김치찌개라는 저렴하고 질리지 않는 메뉴의 특성을 살려서 단골고객들을 확보했다. 성공 비결은 음식의 탁월한 맛을 지켜내면서도 독특한 아이디어와 마케팅 전략으로 손님들의 인식 속에 〈서문회관〉만의 이미지를 잘 만들어냈기 때문이다. 여기에 신선한 재료와 정갈한 밑반찬, 친절한 분위기가 더욱 상승효과를 끌어냈다. 단골손님들은 〈서문회관〉의 깔끔한 음식과 친절한 서비스에 대해 칭찬을 아끼지 않는다.

식당 창업에서 맛과 메뉴는 최소요건에 해당하고, 차별화된 '어떤 것들'이 우위조건을 결정한다. 서비스의 경쟁력을 논의하는 데 최소요건을 굳이 강조할 필요는 없다. 최소요건도 갖추지 못한다면 그 산업에서 살아남을 수 없기 때문이다. 즉, 질 좋고 값싼 음식, 신선하고 맛있는 음식을 제공하는 것은 기본이고, 그것 외에 뭔가 손님의 마음을 끄는 것을 제공한 것이 바로 성공의 요건이다. 시대 흐름에 따라 메뉴를 새롭게 개발하고, 독특한 전략으로 손님을 끌어들이는 차별화도 필요하다.

성공하려면 "그 집 아니면 안 되는 것"이 있어야 한다. 창업을 하려는 사람은 무엇이 경쟁의 우위를 결정하는지 잘 알아내야 한다. 그리고 같은 메뉴, 같은 서비스라도 다르게 전달하려는 노하우가 있어야 한다. 그렇지 못하면 결국 경쟁력은 추락하고 이에 실망한 손님들은 다시는 그 식당을 찾지 않을 것은 불 보듯 뻔한 일이다.

문세진의 실전창업노트 27
매장 분위기가 매출을 좌우한다

지금은 '이미지 시대'다. 같은 상품이라도 어떤 분위기에서 판매하느냐에 따라 매출이 크게 달라진다.

인테리어는 고객이 밖에서 봤을 때 점포의 콘셉트를 명확하게 알 수 있도록 해야 한다. 또 하나, 점포 입구는 고객들의 입점률을 높이는 데 중요한 역할을 한다. 가능하면 손님들이 들어오기 쉽게 최대한 넓히는 게 좋다. 번화가에 있는 큰 건물이나 나가고 들어오는 사람이 많은 경우라면 문을 두 군데로 만들어야 한다.

점포 전면 인테리어가 고객의 입점률을 높인다면 점포 내부 인테리어는 점포에 들어온 고객이 점포 안에 머무는 '시간'과 '구매'에 영향을 미친다. 회전율을 높여야 하는 업종은 고객이 오래 머물지 않도록 설계해야 한다. 주점의 경우 상권이나 입지가 좋다면 회전율을 높이기 위해 매장을 딱딱하게 꾸며야 한다. 반면 상권이나 입지가 좋지 않을 때는 고객이 오래 머물면서 많이 소비하도록 편안한 분위기를 연출하는 게 좋다.

색상은 점주 자신이 좋아하는 것을 고르는 것이 아니라 주 고객층이 좋아하는 색상을 택해야 한다. 조명을 선택할 때 주의할 점은 고급스러워 보인다고 무조건 좋은 것은 아니라는 점이다. 매장 분위기에 맞지 않는 경우에는 오히려 역효과가 난다는 것을 알아야 한다.

영업시간대에 따라 조명의 밝기를 달리 하는 것이 좋은 업종이 있다. 조명기구의 선택만으로도 매장 분위기는 많이 달라질 수 있다.

흉내 낼 수 없는 그 집만의 특별한 멋을 창조하라

음식점을 찾는 고객들은 맛있는 음식을 먹고자 한다는 공통분모를 가지고 있다. 커피 한 잔을 마시더라도 같은 값이면 더 고급스럽고 더 편안한 공간을 찾게 마련이다. 특히 젊은이들을 대상으로 하는 외식업체를 창업하고자 한다면 세련되고 감각적이면서도 편안한 인테리어를 고려하지 않을 수 없다.

거리를 지나다니는 잠재 고객들을 한 명이라도 더 식당 안으로 끌어들이려면 시선을 강하게 잡아 끌 수 있는 인테리어가 필요하다. 그런 인테리어는 아무도 흉내 낼 수 없는 그 집만의 특별한 멋과 이미지 그리고 맛을 만들어낸다. 같은 음식을 판매해도 어떤 이미지를 갖고 있느냐에 따라 매출은 크게 달라질 수 있다.

사실 지금의 원조맛집들이 처음 창업을 하던 시기만 해도 우리나라에는 그럴듯한 음식 문화가 정립되어 있지 않았다. 하물며 인테리어는 개념조차 잡혀 있지 않았던 시절이었다. 생계형 창업이 대부분이었기 때문에 인테리어로 손님을 사로잡기보다는 값싸고 맛있는 음식을 배불리 먹을 수 있게 해주는 것이 음식점의 최고 미덕이었다.

그럼에도 몇몇 원조맛집들 가운데에는 창업 당시부터 튀는 아이디어로 식당 내부를 장식하거나 남다른 감각을 통해 색다른 이미지를 부여하고자 했던 곳들이 있었다. 그리고 그 식당들은 창업자의 아이디어 덕분에 식당 문을 열자마자 손님들에게 엄청난 호응을 얻어 큰 성공을 거둘 수 있었다.

30년 전통의 원조 돌솥밥

중구 산림동 을지로 4가에 위치한 〈석산정〉은 44년의 전통을 자랑하는 한식당으로, 고 최술봉 옹으로부터 가업을 물려받은 최성환 사장이 2대째 운영하고 있는 집이다. 을지로에서 〈석산정〉을 찾으면 누구나 가르쳐줄 만큼 인근 사람들에게 잘 알려져 있다.

〈석산정〉의 주요 메뉴는 곱창전골과 불고기 그리고 돌솥밥이다. 지금은 식당마다 일반화되어 있는 돌솥밥을 퍼뜨린 곳이 바로 〈석산정〉이었고, 이것을 개발한 사람이 〈석산정〉을 창업한 최술봉 옹이었다. 최술봉 옹이 옥돌로 돌솥을 만들어냈을 당시 그 독특하고 뛰어난 맛과 명성은 대단했다. 돌솥에서 지어진 밥은 시간이 한참 지나도 잘 식지 않았으며, 특히 돌솥에 눌러 붙은 누룽지에 물을 부어 먹으면 고소한 맛이 일품이었다. 꽃등심은 〈석산정〉에서 제작한 돌솥에 구워 먹기 때문에 육질을 직접 확인할 수 있는데, 고기를 먹은 후 식사로는 된장찌개와 돌솥밥이 제격이다.

  역시 〈석산정〉의 주 메뉴라고 할 수 있는 곱창전골은 육수와 갖은 양념과 야채로 맛을 내는데, 육수는 사골을 오래 끓여 10여 가지의 야채로 조화를 이룬다. 양념은 오래 전부터 내려오는 비법으로 맛을 내고 곱창은 잘 다듬어 알맞게 삶아 맛을 더한다. 더욱이 여러 부위의 생고기를 부위별로 구입하여 온도별로 보관하기 때문에 신선도가 높다. 고기를 돌과 숯불에 가려 구워 제대로 된 육질을 맛볼 수 있다.

독특한 인테리어로 이미지를 만들어라

〈석산정〉을 원조맛집의 반열에 올려놓는 데에 또 하나 결정적인 역할을 한 것이 바로 인테리어다. 최성환 사장은 "〈석산정〉이라는 이름에서도 알 수 있듯이 아버님께서는 이 식당을 고향인 경상남도 합천의 산천을 옮겨놓는 심정으로 일구셨다. 고향의 돌과 나무를 식당 인테리어의 주재료로 사용해서 마치 식당 안에 고향의 산천과 산 속의 정자를 옮겨놓은 듯한 분위기를 만드셨다”고 말한다. 즉, 당시로서는 획기적으로 상호와 인테리어, 주요 메뉴를 하나의 콘셉트로 개발한 것이다.

식당 입구에 들어서면 가장 먼저 눈에 띄는 것이 대형 수조이다. 최 옹의 아이디어로 설치한 대형수조는 지금까지도 〈석산정〉 최고의 자랑거리이다. 대형 수조가 식당의 공간을 더욱 여유롭고 편안한 분위기로 만들어줄 뿐만 아니라 돌솥밥이라는 메뉴와 조화를 이루어 음식의 맛을 한층 더해준다. 이 수조 한가운데에는 커다란 암석이 우뚝 서 있는데, 이 대형 암석은 최 옹이 고향 합천의 성산에서 발굴해 수백 명의 힘을 빌어 운반했다고 전해진다. 중량 8톤, 직경 187cm의 어마어마한 규모로 당시 집 한 채 값에 해당하는 고가였다.

최 옹이 개발한 〈석산정〉의 독특한 인테리어는 이뿐만이 아니다. 고향인 합천의 옥돌과 나무로 식탁과 의자, 고기 굽는 돌판 그리고 식당 안의 구석구석을 장식했다. 이러한 독특한 인테리어는 〈석산정〉만의 멋과 개성을 창출해냈다.

〈석산정〉의 성공 비결은 요약하자면 뛰어난 맛과 함께 창조적인 인테리어에서 비롯되었다. 식당이라는 작은 공간을 최

 이러한 〈석산정〉
의 이미지는 손님들의 발길을 이끌어내는 원동력이 되었으며 오늘
날까지 살아남는 힘이 되었다.

이처럼 식당을 창업하는 데 중요한 것은 최고의 맛을 만들어내려
는 노력만이 아니다. 음식의 맛에도 차별성이 있어야 하듯이 식당
인테리어와 외관, 하다못해 그릇 하나에도 남들과 다른 우리 식당
만의 '이미지'가 필요하다.

요즘 많은 식당들이 유행을 따라 천편일률적인 인테리어를 하는
경우가 많다. 그보다는 자기 가게를 돋보이게 하고 차별성을 주는
인테리어가 필요하다.

다른 사람들과 확연히 구별되는 개성을 지닌 사람이 훨씬 매력적
으로 보이듯, 개성 있는 아이디어 하나가 식당의 음식 맛을 훨씬
돋보이게 하는 동시에 매출을 크게 끌어올리는 역할을 할 수 있다.

문세진의 실전창업노트 28
고객 수준에 맞춘 맞춤형 인테리어

고객의 시선을 끌기 위해서는 점포의 업태를 명확히 하면서 메뉴

의 구성과 잘 맞는 외부, 내부의 디자인을 만들어야 한다. 입지를 고려하여 주로 젊은 고객을 대상으로 메뉴가 구성되었다면 젊은 사람들이 좋아하는 분위기로 만들어야 한다. 특히, 점포는 테마가 있도록 구성되어야 한다. 전문 음식점인 경우 내구성이 강한 소재를 사용하고 너무 튀지 않는 구성으로 디자인하는 것이 좋다.

외부에서 시선을 끌고자 하는 것은 점포에 들어오고 싶도록 만든다는 데 목적이 있다. 점포 안에는 맛있는 음식과 술이 있을 것 같은 느낌을 주어야 한다. 여러 가지 POP로 시선을 사로잡는 경우가 많지만 너무 요란하지 않고, 점포의 이미지와 잘 맞도록 조화시키는 것이 무엇보다 중요하다.

또, 인테리어는 점포의 메뉴 객단가와도 잘 맞아야 한다. 점포의 외관은 고급자재를 써서 고급스럽게 해놓고 실제 메뉴의 가격대는 중가라면 어떨까? 싸면 무조건 고객이 좋아하고 장사가 잘 될 것이라 생각하기 쉽지만, 좋아하는 고객이 있는 반면 외관만 보고 부담스러워 들어오기를 꺼리는 고객도 생기게 된다. 즉, 고객의 수준에 맞추어 조화롭게 외부, 내부 인테리어를 해야 한다는 말이다.

곰보추탕
맛의 차별화로 원조가 되어라

고만고만한 음식점들이 모여 있는 곳에 가면 '원조'라는 간판을 쉽게 보게 된다. 그러나 여기저기 '원조'라고 우기는 곳이 아무리 많더라도 고객들은 맛으로, 소문으로 진짜 '원조' 식당을 귀신같이 알아낸다. 그리고 메뉴가 똑같은 집이 나란히 마주보고 있어도 '원조'집으로만 손님들이 몰려든다. 그것은 아무리 흉내 내려고 해도 따라갈 수 없는 맛의 차이와 원조에 대한 손님들의 신뢰가 있기 때문이다.

그러나 원조가 된다는 것, 즉 남들이 한 번 먹어보고 반할 만큼 맛있는 메뉴를 개발한다는 것은 그리 쉬운 일이 아니다. 치밀한 사전 조사와 수백 번에 걸친 조리법 연구, 곁들여 내면 좋을 서브 메뉴와 요리를 보기좋고 맛깔스럽게 담아내는 법까지, 원조이기 때문에 스스로 만들고 결정해야 할 것들은 수없이 많다.

원조가 된다고 해서 무조건 새로운 메뉴를 개발해야 한다는 것은 아니다. 같은 김치찌개라고 해도 그 집만의 차별화된 맛이 있다면 그곳은 '원조'의 타이틀을 가질 자격이 있다. '원조(元祖)'라는 말에는 어떤 일을 처음으로 시작했다는 사전적 의미가 담겨 있다. 이러한 의미에서 볼 때 원조맛집들은 어떤 특정 음식을 가장 먼저 시작한 집이라고 볼 수 있다.

혼자서 3분이면 끓일 수 있는 라면이라 하더라도 그 안에 새로운 재료를 하나 넣어 맛을 '업그레이드' 시켰다면, 그 또한 '원조' 라면집이 될 것이다. 즉, 과연 어떤 메뉴로 남들과 다른 차별화 전략을 세울 것인지를 충분히 고민하는 것이 바로 대박 음식점을 만드는 첫 번째 비결일 것이다.

얼큰한 맛이 생각날 때 찾게 되는 추탕의 원조집

〈곰보추탕〉은 안암동 고려대학교 근처 대광고등학교 뒤편을 흐르는 용두천변에 자리 잡고 있다. 1930년대 초 문을 열어 개업 70년을 맞고 있는 추탕의 원조집으로 창업자의 얼굴을 따서 "곰보집"으로 불리던 것이 상호명이 되었다. 1998년에 옛집을 개조해

새집처럼 단장하고, 내부도 납작한 한옥을 밝고 깔끔하게 손질해 놓아 한결 좋아진데다가 음식 맛은 옛 그대로여서 손님들로 늘 붐빈다.

〈곰보추탕〉의 대표 음식은 당연히 추탕인데, 추어탕과 한 글자 차이지만 끓이는 방법이나 맛이 확연하게 다르다. 남도풍의 추어탕은 삶은 미꾸라지를 체에 걸러 걸쭉한 국물에 된장을 풀거나 소금간을 한 뒤, 무시레기나 배추우거지를 넣고 끓인다. 심심하고 담백하고 구수한 국물 맛이 특징으로 취향에 따라 다진 양념을 풀거나 산초가루를 넣어서 먹는다.

그러나 추탕은 미꾸라지부터 다르다. 예전이나 지금이나 〈곰보추탕〉에서는 항상 자연산 미꾸라지만 쓰고 있다. 남도에서 숙회용으로 쓰는 자잘한 미꾸라지를 골라 깨끗이 씻어 통째로 넣어 끓인다. 양지 삶은 국물이나 사골국에 양지살을 뜯어 넣고, 늙은호박, 대파, 마늘, 생강, 버섯, 토란 줄기, 두부와 유부, 계란 등 16가지 재료를 푸짐하게 넣는다. 간은 된장 대신 고추장과 소금으로 하고 고춧가루를 풀어 뻘겋게 고추기름이 떠오르도록 끓여 마치 육개장을 연상케 한다. 얼큰하면서 시원하고 달착지근한 국물 맛이 일품이다.

은은한 불에 하루 종일 올려놓고 푹 뜸을 들여가며 뚝배기에 떠주는 진국은 미꾸라지 비린내가 전혀 없이 얼큰하고 시원하다. 진한 국물과 함께 떠먹는 미꾸라지의 부드럽고 고소한 맛이 〈곰보추탕〉 추탕의 진수라 할 수 있다.

〈곰보추탕〉은 무짠지도 유명하다. 70년을 한결같이 상에 오른 상징적인 찬으로, 얼음을 몇 알 띄운 개운한 무짠지 맛에 서울 토박이들은 누구든 향수에 젖어든다.

이렇게 만든 추탕을 한 번 맛본 고객은 〈곰보추탕〉의 단골손님이 된다. 숙취를 풀 때, 입맛이 없을 때 추탕을 먹기 위해 찾아오는 고객 중에는 50년이 넘은 단골들도 있다. 매운맛이 유행했던 70년대에는 〈곰보추탕〉의 추탕 한 그릇을 먹고 나면 온몸이 땀투성이가 될 정도로 얼큰하고 시원한 맛이 제일이라고 칭찬을 했다.

추어탕을 독자적으로 변형시킨 추탕

창업자인 정부봉 사장이 추어탕을 새롭게 변형한 '추탕'을 선보였을 때 그는 추탕이 원조의 반열에 오르리라고는 생각하지 못했다. 그는 음식 맛의 평가는 주인이 아니라 손님이 하는 것이라는 겸손한 마음으로 음식을 만들었다. 만약 손님들이 추탕을 즐기지 않았다면 더 이상 추탕을 만들 의미도 찾지 못했을 것이다.

그는 손님이 맛있다고 해야 맛있는 것이라고 생각했고, 음식을 한 그릇 더 파는 것보다 손님이 음식을 남기지 않고 맛있게 먹는 것을 중요하게 여겼다. 손님이 음식 맛에 만족하고 그 맛을 잊지 못해 다시 와야 정말 맛있는 것이라고 생각한 것이다.

손님들의 반응이 좋은 것을 보고 정 사장은 맛있는 추탕을 만들기 위해 더더욱 심혈을 기울였다. 그러한 노력이 오늘날 〈곰보추탕〉을 추탕의 원조맛집으로 자리 잡게 한 것이다.

추탕은 완전히 새로운 메뉴는 아니다. 하지만 추어탕과 다른 맛으로 새롭게 승부하여 성공한 셈이다. 현재 시중에 많은 추탕집이 있지만 사람들은 〈곰보추탕〉을 원조집으로 여긴다.

〈곰보추탕〉은 다른 음식점들과 비슷비슷한 음식으로는 손님들의 머릿속에 각인되기 어렵다는 것을 잘 알았다. 그래서 손님들이 좋아하는 새로운 메뉴를 개발하고자 노력했고 그 메뉴를 식당의 전문 메뉴로 만들어냈다. 완전히 새로운 메뉴는 아니더라도 기존 메뉴에 아이디어를 덧붙여서 손님들이 새롭게 인식하도록 만드는 것, 그것이 〈곰보추탕〉의 성공 비결이다.

이처럼 창업을 할 때에는 새로운 메뉴를 전문화하여 개성을 살리는 것이 중요하다. 현상 유지나 적자를 기록하고 있는 식당들의 대다수가 점심 메뉴만 10가지 이상을 구비하고 있는 집들이 많다. 이런 식당들의 경영주들을 만나서 이유를 물으면 "손님들의 입맛이 워낙 제각각이라 찾는 메뉴가 많잖아요. 그러니 여러 가지 메뉴를 준비하지 않을 수가 없지요"라고 대답한다.

하지만 이는 식당에 들어선 고객을 단 한 명도 놓치고 싶지 않은 점주의 욕심과 조바심 탓이 크다. 그리고 그 과정에서 메뉴의 개성도 사라져버린다.

새로운 아이디어와 맛을 더해서 이전까지 어느 집에서도 시도해본 적이 없는 음식을 시작한다면 상권과 입지 조건을 선택하는 데 훨씬 유리하다. 일단 음식에 대한 좋은 평가가 생기기 시작하면 그 집에서만 먹을 수 있는 음식을 찾아 먼 지역에 있는 사람도 찾아오게 하는 힘을 갖게 된다.

문세진의 실전창업노트 29
가격 정하기

매출액은 '객단가'와 '고객수'로 정해진다. 객단가는 영업정책에 의해 정하는 수치이다. 음식점을 창업할 때에는 자신의 점포는 어느 정도의 객단가를 받아야겠다는 목표를 먼저 세워야 한다. 고객 한 사람 한 사람의 단가는 천차만별이지만 객단가란 그 평균치를 말한다.

영업을 하면서 고객수를 헤아리고 고객의 연령대를 파악하지 않고서는 객단가를 정확히 파악하고 분석할 수 없다. 어느 연령대의 고객이 가장 많이 방문하는지를 알아야 마케팅도 적극적으로 할 수 있다.

객단가는 고객수를 파악한 후에 매출을 나누면 된다. 따라서 전표(POS)에 고객수를 기입하는 일은 무엇보다도 중요하다. 매출을 늘리기 위해서는 고객수와 고객 연령대를 알고 객단가를 올리든가, 고객수를 높이는 두 가지 방법 그 이외에는 다른 방법은 없다.

결국 매출액을 높이려면 고객수를 늘릴 것인가, 객단가를 올릴 것인가를 결정하면 된다는 것이다. 다만 두 가지 방법이 서로 연관이 있는 경우 문제가 될 소지가 있다. 말하자면, 객단가를 올리면 고객수가 줄어들 것이라는 위험성이 있고, 고객수를 늘리려고 객단가를 낮추면 그만큼의 매출액이 올라가지 않을 경우가 생길 수 있다.

저렴하면서도 늘 변함없는 맛의 내공

　많은 사람들이 매일같이 고민하는 그것, 바로 "오늘은 무엇을 먹을 것인가?"이다. 특히나 요즘처럼 경제 사정이 좋지 않아 주머니가 홀쭉해진 때는 더더욱 그렇다. 사람들의 관심은 "뭔가 싸면서도 맛좋은 것이 없나?"이다. 비싼 돈을 들여서 맛있는 음식을 비싸게 제공하는 것은 누구나 할 수 있는 일이다. 사람들의 이러한 심리를 파악한 음식점들은 저마다 저렴한 가격을 내세우며 식당 홍보에 열성이다.

　그런데 '저렴하게'라는 말에 지나치게 집착한 나머지 많은 음식점들이 원칙 없이 비용절감 전략을 세우고, 음식 재료의 질마저 떨어뜨리는 경우가 있다. 이는 결과적으로 비용절감에 대한 압박으

로 이어져 식당의 경쟁력을 떨어뜨리고, 고객의 발길이 멀어지게
만드는 원인이 된다.

요즘처럼 건강을 중요시하는 웰빙 시대에 고객은 저렴한 가
격만을 원하지 않는다. 맛없는 집은 아무리 싸다고 해도 다
시는 찾지 않는다. 손님들이 맛있는 집을 찾아다니다가 좋은 음
식점을 알게 되면 입소문도 빠르게 나기 마련이다.

저렴하면서도 맛있는 음식을 내놓기 위해서는 반드시 좋은 음식
재료를 써야 한다. 많은 원조맛집들이 음식의 좋은 맛을 내는 비결
은 최고의 재료를 구해 아끼지 않고 쓰는 데 있다고 말한다.

무교동 낙지골목의 열(熱)나는 맛

교보문고 뒤편에서 종로구청으로 연결되는 약 150m 정도 길을
따라 소문난 낙지집만 8곳이 자리 잡고 있다. 이 무교동 골목에서
처음의 맛을 지금까지 이어오는 〈이강순 실비집〉은 낙지 1세대로
서 낙지볶음을 전문으로 하는 원조맛집이다.

〈이강순 실비집〉이라는 상호는 손님들에게 "싼 실비로 든든한 음
식을 제공한다"라는 뜻이 담겨있다. 저렴한 가격으로 맛있는 음식
을 드리겠다는 마음을 담은 것이다.

〈이강순 실비집〉은 1990년 재개발정책에 따라 무교동에서 청진

동으로 옮겨왔지만 무교동 낙지골목의 산 증거나 다름없다. 게다가 맛에 있어서도 타 식당들의 추종을 불허한다. 매운맛으로 유명한 낙지골목에서도 〈이강순 실비집〉만의 매운맛은 여전히 구별된다. 청진동으로 옮긴 후로도 맵고 맛있는 낙지 요리를 먹으러 젊은 사람들이 주로 많이 찾는다.

〈이강순 실비집〉의 메뉴는 낙지볶음, 조개탕, 감자탕, 파전으로 40년째 한결같다. 특히 엄청나게 매운 빨간 국물이 트레이드 마크인 낙지볶음은 맛있기로 유명하다. 수북하게 담아져 나오는 낙지는 조개탕 그리고 단무지와 콩나물이 기본 반찬으로 곁들여진다.

낙지볶음 외에도 담백하고 시원한 국물 맛이 일품인 조개탕도 인기 메뉴이다. 조개탕은 조리 시간이 2분을 넘지 않는다. 오래 끓이면 특유의 개운한 국물 맛을 낼 수 없다며 영업시간 전에 3분간 끓여놓은 다음, 손님이 주문하면 다시 냄비 위에 마늘과 파를 듬뿍 넣어 바글바글 끓여서 내준다.

인테리어는 30년이 넘은 탁자와 찌그러진 냄비 등으로 향수를 불러일으키는데, 즐겁게 먹는 분위기를 맛의 비결에 포함시킬 정도로 가게 분위기가 좋다. 2년 전부터 서울과 경기 지역 40군데에 체인을 내고 재료와 노하우를 직접 전수하고 있다.

저렴하고 맛있는 집, 두 마리 토끼를 잡아라

식사 시간뿐만 아니라 식사 사이 시간에도 손님들이 몰려들어 〈이강순 실비집〉 사람들은 눈코 뜰 새 없이 바쁘다. 재개발 때문에 이사를 온 후로 손님들이 이전한 걸 몰라서 찾아 헤매기도 하고, 다른 집 가서 먹기도 하다가 어떻게든 다시 찾아온다. 〈이강순 실비집〉 맛이 아니어서 다시 돌아오는 것이다.

손님들을 사로잡은 〈이강순 실비집〉만의 맛의 비결은 음식 값은 저렴하면서도 재료만은 최고급으로 쓰는 것에 있다. 낙지는 싸면 질기거나 물러서 좋은 맛이 나지 않는다. 원래 충무와 삼천포산 낙지를 썼는데 요즘은 국산 낙지를 구하기가 어렵게 되자 아예 무역회사를 설립해 중국산 산낙지를 급랭시켜 운반하여 국산과 반반씩 섞어 사용한다. 낙지는 혹여 뻣뻣해질까봐 미리 데쳐놓지 않고 아무리 바빠도 양념을 하여 한 번에 볶는데, 그 양은 5인분을 넘지 않는다. 4명이 와서 낙지 1.5~2접시에 조개탕 하나, 밥 3~4공기면 적당하다.

고추는 이강순 사장의 고향인 전라도 정읍에서 직접 사가지고 온다. 한 가게에서 사는 것이 아니라 그쪽 인근에서 대대적으로 사들여 일년치를 미리 비축해둔다. 그곳에서 사온 고추가 아니면 제대로 맛을 낼 수 없다. 고춧가루는 가격도 가장 비싸고 매운맛도 강한 최고급 태양초 고춧가루만을 쓴다.

이처럼 〈이강순 실비집〉의 낙지볶음은 좋은 낙지와 고추뿐만 아니라 마늘, 생강 등 좋은 국산 양념재료들이 잘 어울려, 매우면서도 속이 쓰리지 않는 것이 장점으로 꼽힌다.

무교동 낙지볶음 골목에 가면 간판마다 서로들 자기네가 원조라고 주장한다. 워낙 오래된 집들이기 때문에 가게마다의 속사정도 서로 어느 정도 알고 원조의 내력도 훤하다. 원조의 맛을 겨루기도 하고 새로운 맛을 선보이기도 하며 치열한 다툼을 벌이고 있는 이곳에서 〈이강순 실비집〉의 경쟁상대는 다른 식당이 아니다. 이강순 사장은 "경쟁상대는 우리 집뿐"이라는 자신감을 가지고 장사에 임한다.

〈이강순 실비집〉은 무엇보다도 손님의 마음을 사는 것을 가장 중요하게 여겼다. 그래서 저렴하면서도 질 좋은 음식을 제공하고자 최상의 음식 재료만을 구해서 사용했다. 음식 재료를 구하는 데 소모되는 인력이나 시간, 비용 등은 모두 손님의 마음을 살 수 있는 음식을 만드는 데 가장 기본적인 사항이었다. 이런 노력은 그대로 적중하여 이곳을 찾는 손님들마다 저렴하면서도 맛있는 집으로 〈이강순 실비집〉을 우선 꼽는다.

좋은 음식 재료는 그 구입 단가가 높다. 그래서 음식 창업을 하려는 사람들이나 현재 식당 사업을 하고 있는 사람들이 가장 유혹에 빠지기 쉬운 부분이기도 하다. 실제로 조금이라도 돈을 더 벌겠다고 재료비를 아끼다가 손님의 발길이 멀어지거나 심한 경우 문을 닫아야 하는 일이 생기기도 한다.

돈 욕심이 앞서 조급해지는 마음을 버려야 한다. 순이익을 얼마나 남기느냐 하는 당장의 이익보다는 장기적인 비전을 가지고 식당을 운영하도록 하자.

좋은 재료라 함은 반드시 고가의 희귀한 재료를 말하는 것은 아니다. 예컨대 메밀이라는 한 가지 재료를 구하기 위해 스무 곳 이상의 양곡점을 직접 돌아다닐 만큼 노력하고 결정했다면 최상급 재료의 기본은 갖춘 것이다. 채소나 고기, 어떤 재료든지 음식에 필요한 재료에 대해서는 스스로 많이 공부해서 그에 대한 전문가가 되어야 한다. 여러 곳에서 나오는 재료를 다 직접 써 보아서 이렇게 저렇게 다양한 요리를 해보자. 만족스러운 맛이 나올 때까지, 손님이 손을 들어줄 만한 요리가 나올 때까지 시도해보고, 스스로 애정과 자부심을 가질 수 있는 맛이 나온다면 그 재료를 선택하자.

저렴하고 맛있는 집, 이보다 더 구미가 당기는 말도 없을 것이다. 가격이 저렴하다는 이점을 내걸고 맛없는 음식, 재료의 질이 떨어지는 음식을 만드는 것은 실패를 자초하는 일이다. 재료비와 운영비를 최대한 아끼면서 맛있는 음식을 만들 수 있도록 내공을 기르자. 거기에 성공의 열쇠가 있다.

기념품 선택

한 고급음식점에서 기념품으로 명함집을 받은 적이 있다. 지금도 그것을 쓰고 있는데, 그것을 보는 순간 그 점포가 생각난다. 그만큼 버니까 주는 것 아니냐는 생각이 들 법도 하지만 대중음식점에서 기념품을 제공하기란 쉬운 일은 아니다. 그리고 요즘 고객들은 수준이 높아져 어설픈 기념품을 나누어주었다간 오히려 이미지에 부정적 영향을 미치는 등 역효과가 나기도 한다.

어쨌든 기념품으로는 "어머나~!"라는 말이 나오는 물건이 좋다. 그리고 간단히 쓰고 버리는 물건도 좋다. 몸에 항상 지니고 있는 것이라든지, 가까이 두는 것도 좋다. 그 물건을 손에 쥐는 순간에 정말 짧은 순간이라도 자신의 점포가 기억나도록 하는 물건이면 좋다는 말이다.

그러나 이런 판촉행사도 너무 자주 하는 것은 바람직하지 않다. 음식점은 고객이 느끼는 총체적인 만족감으로 승부를 걸어야 하는데, 그 승부에 경품이라는 것을 자주 사용해서 좋을 것은 없다. 다른 점포가 하니까 우리도 한다는 식으로 시작되면 안 된다.

원조맛집 사람들은
돈의 힘을 믿지 않는다.
대신 맛과 서비스가 갖는 힘을 믿는다.

부록

원조맛집 리스트 27

삼계탕의 대중화에 기여한 〈고려삼계탕〉

〈고려삼계탕〉은 우리 나라 최초의 삼계탕 전문점이다. 1960년 1대 이상림 옹이 명동 입구에 문을 연 이래 지금까지 40년 넘게 영업 중이다. 삼계탕 외에도 오골계탕, 전복죽, 통닭 등의 메뉴를 갖추고 있다. 삼계탕 한 그릇의 가격은 10,000원이다.

- 주소 : 서울시 중구 서소문동 55-3
- 전화번호 : 752-9376 / 752-2734
- 홈페이지 : www.koreasamkyetang.com
- 영업 시간 : 9:30-22:00 (명절 휴무)
- 위치 : 서소문 신한은행 맞은편 대로변
- 주차 시설 : 있음

추어탕이 아니라 추탕 〈곰보추탕〉

〈곰보추탕〉은 1930년대 초 문을 열어 개업 70년을 맞는 서울 추탕의 원조집이다. 1998년 들어 옛집을 리모델링하여 납작한 한옥을 밝고 깔끔하게 바꿔놓았다.

숙취를 풀거나 입맛이 없을 때면 〈곰보추탕〉을 찾는 손님들 중에는 50년 이상 된 단골들도 많다. 은은한 불에 하루 종일 올려놓고 뜸을 푹, 들여가며 뚝배기에 떠주는 진국은 미꾸라지 비린내가 전혀 없이 얼큰하고 시원하다.

추탕 외에 메뉴로는 산적꼬지, 미꾸라지튀김, 염통구이 등이 있다. 국산 미꾸라지를 구하기가 워낙 어려운 터라 추탕 한 그릇의 가격은 7,000원이다.

- 주소 : 서울시 동대문구 용두2동 767-6
- 전화번호 : 928-5435
- 영업 시간 : 09:00-21:00(둘째 넷째 일요일과 명절 휴무)
- 위치 : 지하철 1호선 신설동역에서 하차. 1번 출구로 나와 신설동로터리
  에서 고대 방면으로 직진하여 대광고등학교 지나 안암천변 근처
- 주차 시설 : 무료 주차 가능

쫄깃쫄깃하고 담백한 조랭이떡국 〈개성집〉

개성 음식의 진수를 맛볼 수 있는 〈개성집〉은 개성 태생인 김영희 할머니가 창업한 이래 2대째 이어오며 30년 넘게 장수하고 있다. 모든 음식을 손으로 직접 만들어 옛날 맛을 그대로 지키고 있다. 기름이 적고 깔끔한 맛이 좋아 젊은 손님들도 많이 찾는다.

최고 인기 메뉴는 '조랭이떡국'이다. 김이 모락모락 나는 맛깔스러운 조랭이떡국에 동치미 국물처럼 시원한 개성 오이소박이 한 접시면 뱃속이 든든하다.

조랭이떡국 외에도 야채, 두부, 고기 등을 넣고 옛날 식으로 만드는 개성순대와 만두도 별미이다. 양곰탕, 만둣국, 떡만두, 개성순대, 편수, 양무침 등의 메뉴를 선보이고 있다. 조랭이떡과 개성순대는 포장 가능하다. 조랭이떡국 7,000원, 개성만두 9,000원 그리고 만둣국과 떡만두가 각각 7,000원이다.

- 주소 : 서울시 동대문구 용두 2동 201-2
- 전화번호 : 923-6779 / 921-5585
- 영업 시간 : 12:00-22:00(일요일과 명절 휴무)
- 위치 : 신설동역과 용두역에서 각각 5분쯤 걸어 들어가는 용두시장 뒤편
- 주차 시설 : 없음

골뱅이의 원조 〈권형석의 영동골뱅이〉

　1968년 문을 연 〈권형석의 영동골뱅이〉는 지금까지도 골뱅이 메뉴 하나로 성업 중이다. 깔끔하게 정돈된 다른 음식점들과는 달리 마치 1970년대 선술집을 연상시킨다. 세숫대야 크기만 한 대접에 수북하게 쌓인 골뱅이 무침은 세 명이 먹어도 남을 정도로 양이 많다. 서비스로 제공되는 계란말이는 매운맛을 달래준다.

　다소 촌스럽고 정돈되지 않은 것 같지만 서민적이고, 사람들과 부대끼며 먹는 맛이 정겨워 비좁은 골목에서 줄을 서서 기다릴 정도로 단골고객들을 다수 확보하고 있다.

- 주소 : 서울시 중구 저동 2가 79-1
- 전화번호 : 2266-5006
- 영업 시간 : 15:00-24:30(명절 휴무)
- 위치 : 지하철 2호선 을지로 3가역 12번 출구로 나와 중부경찰서 쪽
  길로 들어서서 오른쪽 골목 안
- 주차 시설 : 없음

대패삼겹살의 신화 〈논현동 원조쌈밥〉

대패 삼겹살과 쌈밥을 처음으로 선보인 〈논현동 원조쌈밥〉은 '원조'답게 늘 문전성시를 이룬다. 적상추, 청상추, 적겨자, 청겨자, 다시마, 배추, 쪽파, 곰피, 열무, 양배추, 쌈배추, 적오크, 셀러리, 청경채, 적근대, 치커리, 로메인, 비타민, 신선초, 케일, 고추, 당근, 쌈추, 뉴그린, 쑥갓, 깻잎 등 30여 가지의 다양한 쌈을 맛볼 수 있다. 쌈을 먹기에 편한 대패 삼겹살도 준비되어 있다.

반찬은 전라도식으로 가짓수가 많다. 고등어조림도 나오는데, 이는 쌈에다 고등어조림을 올려먹는 경상도식을 원용한 것이다. 예약은 10명 이상만 받아 별관에 자리를 준비해준다. 주차요원이 항시 대기 중이다.

- 주소 : 서울시 강남구 논현 1동 167-31
- 전화번호 : 548-7589
- 홈페이지 : www.theborn.co.kr
- 영업 시간 : 24시간(명절 휴무)
- 위치 : 지하철 7호선 논현역 2번 출구로 나와 300m 직진, 제일은행 뒤편
- 주차 시설 : 무료 주차 가능

정이 담긴 주물럭 〈마포원조주물럭집〉

37년 전통의 〈마포원조 주물럭집〉은 국내 최초로 '주물럭' 이라는 메뉴를 개발해 대중화에 성공한 원조맛집이다. 쇠고기 등심 주물럭은 국내산 최고급 한우를 잡은 뒤 냉동시키지 않은 채 바로 공급받기 때문에 신선하다. 특히 통후추를 갈아서 만든 소스는 고기의 노린내를 없애고 혀끝을 자극, 고기의 맛을 한층 더해준다.

주물럭 다음으로 자랑하는 메뉴는 시원한 육수의 순수 이북식 냉면이다. 동치미 국물에 육수를 섞어 만든 국물은 시원함과 함께 담백한 맛을 느끼게 해준다.

주물럭 1인분은 22,000원이다. 200석 규모의 연회석이 완비되어 있으며, 단체나 방을 원하는 경우에는 예약을 해야 한다. 40대 정도의 차량을 동시 주차할 수 있으며, 1천여 대의 주차가 가능한 마포주차장이 인접해 있어 주차에는 별 어려움이 없다.

- 주소 : 서울시 마포구 용강동 51-3
- 전화번호 : 718-3001~2
- 영업 시간 : 11:30-22:00
- 위치 : 지하철 5호선 마포역에서 대농빌딩 출구로 나와 빌딩을 끼고
  돌면 된다. 옛날 민주당사 바로 옆
- 주차 시설 : 무료 주차 가능

50년 '최씨 고집'으로 지켜온 〈마포진짜 최대포집〉

　돼지갈비타운이 형성되어 있는 마포에 위치한 〈마포진짜 최대포집〉은 1955년에 문을 열었다. 이후 여러 차례 자리를 바꾸었지만 여전히 서울 시민들의 사랑을 받고 있는 집이다.

　〈마포진짜 최대포집〉은 삼겹살 대신 갈비를 비롯해 소금구이, 곱창, 염통, 껍데기 등 부위별로 다양한 조리법을 선보이고 있다. 주력 메뉴는 소금구이로, 소금을 뿌려서 담백하게 구워먹는 맛이 일품이다. 550g에 14,000원이다. 돼지갈비 1인분은 7,000원이며, 돼지껍질 1장에 3,000원이다.

- 주소 : 서울시 마포구 공덕동 255-5
- 전화번호 : 719-9292 / 719-6358
- 영업 시간 : 09:00-02:00
- 위치 : 지하철 5호선 공덕역 4, 5번 출구 방면
- 주차 시설 : 무료 주차 가능

명동의 별미 따로국밥 〈명동따로국밥〉

〈명동따로국밥〉은 명동 한복판에서는 보기 힘든 국밥 전문집이다. 점심 시간마다 인근 직장인들의 발길이 몰려드는 이곳은 1969년 봄에 문을 열었다. 〈명동따로국밥〉 간판 밑에는 "이 집에서 36년"이라고 적혀 있다.

1인분에 6,000원인 따로국밥 외에도 쇠고기국밥과 좀 더 큰 뚝배기에 나오는 술국이라는 국밥이 있다. 또한 녹두부침개와 도토리묵, 생굴, 제육볶음, 골뱅이 등 토종 먹거리들이 다양하게 준비되어 있다.

- 주소 : 서울시 중구 명동 2가 33-4
- 전화번호 : 776-2455
- 영업 시간 : 24시간
- 위치 : 명동 유투존 건물 뒷골목
- 주차 시설 : 없음

삼선누룽지탕을 모리화차와 함께 〈모리화〉

〈모리화〉는 〈향원〉이라는 이름으로 유명했던 중국 음식점이다. 정·재계 고위 인사들을 비롯해 몇몇 전직 대통령도 단골이었을 만큼 명성이 자자했다. 자장면 대신 '삼선 누룽지탕'이라는 새로운 메뉴를 개발해 전국적으로 유명세를 탄 곳이다. 강남으로 이전한 후에도 '모리화차'라는 신기한 차를 선보이며 그 명성을 이어가고 있다.

누룽지탕 외에도 채 썬 감자로 만든 새 둥지 안에 해삼을 넣은 '새집일품 해삼요리'와 게살과 샥스핀에 크림 소스로 맛을 낸 '게살 샥스틴 요리'가 일품이다.

- 주소 : 서울시 강남구 역삼동 726-2
- 전화번호 : 558-8868
- 영업 시간 : 11:30-10:00
- 위치 : 강남구 역삼동 아세아빌딩 뒤편
- 주차 시설 : 무료 주차 가능

막국수와 직접 만들어내는 두부 맛 〈미리내막국수〉

 1970년 봄에 문을 연 〈미리내막국수〉는 1980년대 초 서울에서 고등학교를 다닌 학생이라면 누구나 한 번쯤 가 보았을 추억의 분식집이었다. 학교와 학원들이 광화문을 떠나기 시작하자 분식집에서 직장인들을 주 고객으로 하는 막국수집으로 전환을 시도했다. 그 결과 현재는 막국수와 쟁반국수, 보쌈, 족발 등을 주 메뉴로 갖추고 1980년대 못지않은 호황을 누리고 있다.

 간판에 '두부마을'이라고 써붙여 놓을 정도로 두부 요리도 많다. 얼큰한 두부전골은 감칠맛이 나고, 순두부는 부드럽다. 매일 두부를 직접 만들고 그 과정에서 나오는 콩비지를 커다란 양푼 위에 가득 담아두어 누구나 무료로 싸갈 수 있다.

 250여 석에 달하는 널찍한 공간을 보유하고 있어 회식 장소로도 이용할 수 있다. 대표 메뉴인 막국수 한 그릇은 5,000원이다.

    - 주소 : 서울시 종로구 당주동 34-1
    - 전화번호 : 735-9871
    - 영업 시간 : 11:30-24:00
    - 위치 : 지하철 5호선 광화문역 4번 출구로 나와 세종문화회관 뒤
            고려수퍼 건너편
    - 주차 시설 : 인근 유료 주차장 이용

손만두와 김치찌개의 조화 만두김치전골 〈서문회관〉

서울시 중구 서소문동에서 30여 년간 영업을 해온 〈서문회관〉은 '만두김치전골'로 유명하다. 서울시 지정 전통 한국음식점이며, 한국관광공사 지정 한국 대표음식점이기도 하다.

원래는 김치찌개가 전문이었지만, 손만두도 맛있다. 이 김치찌개와 만두를 한데 모아 새롭게 전골로 만든 메뉴가 히트를 쳤다.

5,500원을 받는 만두김치전골과 더불어 갈빗살이 듬뿍 들어간 갈비탕도 이 집의 주력 메뉴이다. 경북 봉화에서 한약재와 약초를 먹여 사육한 봉화 약등심도 일품으로 꼽는다. 2층 건물로 300석이 구비되어 있다.

- 주소 : 서울시 중구 서소문동 120-22
- 전화번호 : 755-4645
- 영업 시간 : 10:30-22:00
- 위치 : 서소문동 중앙일보 맞은편
- 주차 시설 : 없음

전통을 자랑하는 원조 돌솥밥 〈석산정〉

〈석산정〉은 44년 전통을 자랑하는 한식당이다. 곱창전골과 불고기, 돌솥밥 등을 주 메뉴로 자랑하며 생고기, 등심, 전골, 식사류 등의 메뉴도 있다. 특히 원조 돌솥밥은 그 맛이 매우 독특해 많은 사랑을 받고 있다.

곱창전골은 육수와 갖은 양념과 야채로 맛을 내는데, 육수는 사골을 오래 끓여 10여 가지 야채의 맛과 조화를 이룬다. 곱창은 잘 다듬어 알맞게 삶고 오래 전부터 내려오는 양념 비법으로 맛을 낸다.

- 주소 : 중구 산림동 296-1
- 전화번호 : 2266-9494 / 2266-3003
- 영업 시간 : 10:00-22:00
- 위치 : 지하철 을지로 3가와 4가 사이 대림상가 골목 안
- 주차 시설 : 없음

사골 국물을 끓여 만드는 보양죽 〈松竹 송죽〉

　〈松竹〉은 40년이 넘는 동안 죽 하나로 명성을 쌓아온 맛집으로 서울 시내에 죽 전문점 몇 개를 생기게 한 원조집이다. 7가지 죽 종류 가운데 전복죽만 종류가 세 가지이다. 특히 최근 웰빙바람을 타고 전복 내장죽이 인기가 높다. 속이 불편한 사람은 전복죽이나 야채죽을, 영양식을 원하는 사람은 버섯굴죽을 선호한다. 양이 푸짐해 한끼 식사로도 좋다.

　인근 병원에 병문안할 때 죽을 선물하는 고객들도 많아 포장 주문도 꽤 많은 편이다. 하루 세끼를 이곳에서 먹는 환자들도 있을 정도로 그 인기가 대단하다. 가격은 6,000원에서 7,000원 선이다.

- 주소 : 서울시 중구 필동 1가 3-1
- 전화번호 : 2265-5129
- 영업 시간 : 07:00-20:00
- 위치 : 충무로 극동빌딩 뒷골목
- 주차 시설 : 인근 유료 주차장 이용

오장동 냉면의 원조 〈오장동 흥남집〉

　1953년에 개업한 〈오장동 흥남집〉은 현존하는 함흥냉면집 가운데 가장 오래된 집이다. 50년이 넘는 세월 동안 3대째 한자리를 지켜왔다.

　이 집 냉면 맛의 비결은 고구마를 사용해 만든 면발에 있다. 고구마에서 녹말가루를 추출해 면을 뽑으면 가늘고 길며 질기기 때문에 오돌오돌 씹히는 맛이 좋다. 메뉴로는 회냉면, 물냉면, 비빔냉면, 섞음냉면 등이 있다. 가격은 5,500원 선이다.

- 주소 : 서울시 중구 오장동 101-7
- 전화번호 : 2266-0735
- 영업 시간 : 11:00-21:30
- 위치 : 지하철 2호선 을지로 4가역 8번 출구로 나와 퇴계로 쪽 중구청 사거리에서 좌회전해 100m 직진
- 주차 시설 : 무료 주차 가능

맛깔스런 음식과 편안한 분위기의 한정식 〈은정〉

1970년대 초 문을 열어 30년 넘는 역사를 지니고 있는 한정식 집 〈은정〉은 인사동 골목에 위치해 있다. 맛뿐만 아니라 서비스와 분위기 또한 두루 뛰어나 불경기에도 단골손님들이 많이 찾는다. 올해 칠순인 이은정 사장이 직접 집에서 담근 된장과 고추장으로 정갈한 음식 솜씨를 발휘하고 있다.

주 메뉴는 갈비찜과 전, 잡채까지 포함된 화려한 정식으로 계절과 시장 상황에 따라 상차림이 달라진다. 적당히 기름기 있으면서 약간은 달고 짠 맛이 나는 반찬이 10여 가지 정도 되고, 정갈한 상차림에 비해 가격은 저렴한 편이다. 정식은 15,000원과 25,000원 상차림이 있으며, 일품요리들이 추가되는 50,000원 대의 상차림도 있다.

- 주소 : 서울시 종로구 관훈동 2-3
- 전화번호 : 735-8332 / 720-1737
- 영업 시간 : 12:00-22:00(연중 무휴)
- 위치 : 인사동에서 수도 약국을 지나 세종화랑 간판 골목 안
- 주차 시설 : 없음

며느리도 모르는 떡볶이 맛의 비밀 〈원조마복림할머니집〉

  서울에서 학창 시절을 보낸 30~40대라면 모르는 사람이 없을 정
도로 유명한 신당동 떡볶이골목. 이 떡볶이골목에서도 〈원조마복
림할머니집〉은 50년이 넘는 세월 동안 신당동 떡볶이의 원조로 대
접받고 있다.

  신당동 떡볶이는 다양한 사리로도 유명하다. 떡, 어묵, 만두, 라
면, 쫄면 등 다양한 재료로 손님 입맛을 맞춘다. 10,000원이면
3~4명도 넉넉히 먹고 갈 수 있는 저렴한 가격, 재료를 아끼지 않
는 넉넉한 인심에 여전히 많은 사람들이 찾고 있다. 직장인들도 점
심 시간에 많이 찾는 맛집이다.

　　　－ 주소 : 서울시 중구 신당 1동 300-18
　　　－ 전화번호 : 2232-8930
　　　－ 영업 시간 : 07:00-01:00
　　　－ 위치 : 지하철 2호선 신당역 8번 출구로 나와 동대문운동장 방향으로
　　　　　　　300m 직진
　　　－ 주차 시설 : 무료 주차 가능

명성 그대로의 맛 〈원조장충동할머니집〉

오래도록 질리지 않고 성별이나 세대를 넘어 두루두루 사랑받는 음식 중 하나가 족발이다. 족발은 산모와 어린이 두뇌 활동에 도움이 되고, 여성 피부미용에도 좋은 것으로 알려져 있다.

족발하면 떠오르는 장충동에는 1960년대 후반부터 생겨난 족발집들이 제각기 특유의 맛을 자랑하며 집결되어 있다. 이 가운데에서도 전박숙 할머니의 〈원조장충동할머니집〉은 장충동 족발의 원조라 할 만하다. 족발 외에도 냉면, 빈대떡, 파전, 만둣국 등의 음식도 이북식으로 조리되어 나온다. 배달은 하지 않으나 포장이 가능하다. 족발(小)가 25,000원이다.

- 주소 : 서울시 중구 장충동 1가 62-18
- 전화번호 : 2279-9979 / 2275-1064
- 영업 시간 : 09:30-23:30
- 위치 : 지하철 3호선 동대입구역 3번 출구로 나와 직진
- 주차 시설 : 무료 주차 가능

고객의 입맛에 따라 진화해 온 맛 〈원 할머니 보쌈〉

1965년, 청계천 8가 한구석에서 간판도 없이 문을 열었던 〈할머니보쌈집〉은 현대인의 입맛에 맞게 끊임없이 진화함으로써 〈원 할머니 보쌈〉이라는 국내 유수의 프랜차이즈 기업으로 성장했다. 청계 8가 지역 일대가 재개발되자 옛 본점 바로 옆 자리에 〈원할머니 본가〉로 새롭게 단장했다. 신축된 곳은 옛 분위기를 그대로 살리면서도 보다 편안하고 깨끗한 분위기에서 식사를 즐길 수 있도록 설계되었다.

보쌈은 연한 돼지고기와 잘 익은 김치 맛이 잘 어우러져야 한다. 〈원 할머니 보쌈〉 가맹점에서는 부드럽고 고소한 고기와 양념을 푸짐하게 넣어 잘 삭인 속으로 버무린 김치가 곁들여져 주문하기가 무섭게 나온다. 보쌈 외에 족발과 족쌈 등도 맛볼 수 있다. 김치보쌈(小)이 17,000원이다.

- 주소 : 서울시 중구 황학동 762
- 전화번호 : 2238-3836
- 홈페이지 : www.bossam.co.kr
- 영업 시간 : 10:30-23:00
- 위치 : 청계천 8가 사거리에서 우회전, 신당동으로 향하는 길가
- 주차 시설 : 무료 주차 가능

무교동 낙지골목의 열(熱) 나는 맛 〈이강순 실비집〉

　무교동 낙지골목에는 소문난 낙지집들이 즐비하다. 그 가운데 이강순 할머니가 운영하는 〈이강순 실비집〉은 30년이 넘는 전통만큼이나 무교동 낙지골목의 산증인으로 대접받고 있다. 최근 교보문고 뒤편으로 옮겨왔지만, 맵고 맛있는 낙지 요리를 먹으려는 손님들로 여전히 호황을 누리고 있다.

　메뉴는 낙지볶음, 조개탕, 감자탕, 파전으로 30년 동안 한결같다. 특히 떠먹기 어려울 만큼 매운 빨간 국물이 트레이드 마크인 낙지볶음은 맛있기로 유명하다. 2인분 기준으로 낙지볶음이 14,000원, 조개탕은 9,000원이다.

－ 주소 : 서울시 종로구 청진동 277
－ 전화번호 : 732-7889
－ 영업 시간 : 11:00-23:00
－ 위치 : 종로구 청진동 교보문고 뒤편 KTF 대리점에서 종로구청으로
　　　　연결되는 낙지골목 안
－ 주차 시설 : 없음

퓨전을 이기는 전통의 맛 〈里門 설농탕〉

 수많은 설렁탕 전문점 중에서 가장 오래되고 유명한 곳이다. 100년 가까이 된 것으로 알려진 이 집은 2대째 운영하고 있는 전성근 사장조차 개업 연도를 정확하게 기억하지 못할 정도이다.

 양지머리 고기가 듬뿍 들어있는 구수한 국물에 숭숭 썬 파를 잔뜩 넣고, 밥 한 수저를 떠서 깍두기를 얹어 먹으면 든든한 한 끼 식사로 손색이 없다. 주요 메뉴로는 설렁탕 외에도 도가니탕과 수육 등 안주류가 있다.

 – 주소 : 서울시 종로구 공평동 46
 – 전화번호 : 733-6526
 – 영업 시간 : 08:00-21:30
 – 위치 : 종로 사거리의 옛 화신백화점 바로 옆 골목 안
       (종로타워빌딩 삼성증권 본사 뒤)
 – 주차 시설 : 인근 유료 주차장 이용

전주곱돌영양비빔밥의 원조 〈전주중앙회관〉

전주 비빔밥의 원조라 할 수 있는 〈전주중앙회관〉은 1950년대에 전주역 앞에서 고 구화엽 씨가 처음 문을 열었다. 1960년부터 현 사장인 아들 남궁성 씨가 전주의 중앙회관으로 옮겨 운영을 시작했다. 1978년 명동 사보이호텔 앞에 서울점을, 1984년에는 북창점을 오픈했다.

옥돌로 만든 돌솥에 수북이 담겨져 나오는 전주곱돌영양비빔밥은 특히 유명한데, 한 그릇에 8,500원이다. 5년 정도 묵은 조선간장을 사골 뼈와 함께 10시간 정도 끓여 만든 소스로 밥에 간을 하는데, 그 맛이 일품이다. 그 외 메뉴로는 육회비빔밥, 송이버섯비빔밥, 인삼삼계탕, 곱창전골 등이 있다.

- 주소 : 서울시 중구 충무로 1가 24-11(서울점)
- 전화번호 : 776-3525
- 홈페이지 : www.ee-jeonju.com
- 영업 시간 : 08:30-22:30
- 위치 : 명동 사보이 호텔 앞 캣츠 할인매장 골목길
- 주차 시설 : 없음

3대째 이어오는 한우 갈비의 대명사 〈조선옥〉

1948년부터 3대째 이어오고 있는 〈조선옥〉은 서울에서 가장 오래된 한우 갈빗집이다. 해방 전부터 명성을 얻어온 곳으로 1970년대 중반까지 중국집 〈안동장〉, 설렁탕집 〈니암장〉과 더불어 '을지로의 3대 식당'으로 불렸다.

생갈비는 250g에 26,000원, 양념갈비는 24,000원이고 갈비 외에 불고기(200g에 15,000원)가 있다. 식사로는 대구식 육개장이라고 할 수 있는 대구탕과 냉면(각 6,000원)이 있다.

- 주소 : 서울시 중구 을지로 3가 229
- 전화번호 : 2266-0333
- 영업 시간 : 11:00-22:00(둘째 넷째 일요일과 명절 휴무)
- 위치 : 을지로 3가역 6번 출구로 나와 첫 번째 골목 안으로 직진
- 주차 시설 : 식당 앞 유료 주차장 이용

버터와 해물의 고소한 만남 해물로스구이 〈진도집〉

〈진도집〉은 남대문 먹자골목에서만 30년 넘게 해물요리를 해오고 있는 맛집이다. 1968년 개업 당시에는 해물탕과 부대찌개가 주 메뉴였지만, 10년 전 '해물로스구이'라는 독특한 메뉴를 개발함으로써 원조맛집으로 사랑을 받기 시작했다. 로스구이를 다 먹고 나면 철판에 밥을 볶아주는데, 그 맛 또한 별미이다.

해물로스구이 외에도 낙지로스구이, 주꾸미로스구이, 해물철판구이, 불낙전골, 주꾸미철판구이, 낙지철판구이, 해물된장국 등 다양한 메뉴가 구비되어 있다. 해물로스구이의 가격은 49,000원(大), 41,000원(小)이다.

단체석도 따로 마련되어 있어 모임을 갖기에도 적당하다.

- 주소 : 서울시 중구 회현동 1가 195-4
- 전화번호 : 753-6988
- 영업 시간 : 24시간
- 위치 : 지하철 4호선 회현역 7번 출구로 나와 신세계 백화점 뒷골목
  으로 들어가 10m 정도 직진
- 주차 시설 : 인근 유료 주차장 이용

청진동 해장국의 명가 〈청진옥〉

청진동 해장국의 유명세에는 67년간 이어온 해장국집의 터줏대
감 〈청진옥〉의 역할이 컸다. 1937년 고 최동선 옹이 창업한 뒤, 맏
아들 최창익 씨에 이어 지금은 최준용 사장이 3대째 가업을 잇고
있다.

〈청진옥〉의 주메뉴인 해장국은 소 등뼈, 사골, 선지, 내장, 양지
머리를 주요 재료로 사용하며 배추, 우거지, 콩나물, 대파, 쪽파,
마늘, 생강, 된장을 보강 재료로 넣어 맛과 영양을 더했다. 곱창은
콜레스테롤이 인체에 좋지 않다는 점이 알려지면서 쓰지 않는다.

최근 해장국이 골다공증 예방에 좋은 식품으로 알려지면서 여성
들도 즐겨 찾고 있다. 일본에서도 명성이 높아 수차례 한국의 대표
맛집으로 선정되기도 했다. 해장국 한 그릇(보통)은 5,000원이다.

　- 주소 : 서울시 종로구 청진동 89
　- 전화번호 : 735-1690
　- 영업 시간 : 24시간 연중 무휴
　- 위치 : 지하철 1호선 종각역 1번 출구, 청진동 골목 안 서울관광호텔 옆
　- 주차 시설 : 인근 유료 주차장 이용

담백하고 시원한 북어 요리로 승부하는 〈터줏골〉

북어해장국의 원조집인 〈터줏골〉은 1968년 문을 연 이후 지금까지 북엇국 한 가지 메뉴만을 고집하고 있다. 〈터줏골〉은 북엇국을 해장국으로 상품화하는데 일등공신 역할을 했다. 북어는 어장에서 잡아서 그대로 바닷가에서 말린 통북어를 두드려서 쓴다. 강원도 진부령 덕장에서 1년치를 미리 주문해 쓰고 있으며, 마늘은 물론 밥에 안치는 검정콩까지 충주와 음성에서 계약재배해서 쓰고 있다.

까다로운 재료 관리와 단 한 가지라도 최고의 맛을 낸다는 주인의 곧은 마음씨와 정성이 담겨 있는 터줏골의 북엇국 가격은 1인분에 5,000원이다.

- 주소 : 서울시 중구 다동 173
- 전화번호 : 777-3891
- 영업 시간 : 07:00-20:00
- 위치 : 서울시청 뒤 코오롱빌딩 건너편 주차장 옆(기업은행 뒷길)
- 주차 시설 : 인근 유료 주차장 이용

그릇에 담아내는 곰탕의 깊은 맛 〈하동관〉

1939년에 문을 열어 60년 넘게 3대째 가업으로 잇고 있는 〈하동관〉은 입소문을 통해 알 만한 사람은 다 아는 곰탕 전문식당이다. 처음 문을 열고 지금까지 오로지 곰탕 한 가지 메뉴에 반찬은 달랑 깍두기가 전부이다.

내장과 양지고기로 끓인 곰탕 국물에 수육과 간천엽이 놋그릇 사발에 넘칠 정도로 가득 담겨나온다. 여기에 양은주전자에 담겨 나오는 잘 익은 깍두기 국물을 부은 후 날계란을 하나 띄워 후후 불어 먹는 맛은 가히 일품이다.

곰탕 가격은 7,000원이다.

- 주소 : 서울시 중구 수하동 26
- 전화번호 : 784-4568
- 영업 시간 : 07:00-16:00
- 위치 : 지하철 2호선 을지로입구역 3번 출구로 나와 코리아헤럴드 어학원에서 우회전 한 후 80m쯤 직진
- 주차 시설 : 인근 유료 주차장 이용

순대를 웰빙 식품으로 끌어올린 〈함경도찹쌀순대〉

압구정동 현대백화점 건너편 신탁은행지점 뒷골목에 있는 〈함경도찹쌀순대〉는 상호부터 함경도의 맛과 향을 풍긴다. 현재 고창희 사장이 1970년부터 운영을 해온 친할머니에게 물려받아 2대째 가업을 잇고 있다. 리노베이션을 통해 35년의 역사를 지닌 순댓집이라고 볼 수 없을 만큼 깔끔한 외관과 실내 인테리어를 갖추고 있다.

찹쌀, 멥쌀, 좁쌀, 숙주, 두부, 선지 등을 넣은 순대는 안줏감으로도 일품이다. 순대 정식과 순대 국밥도 식사용으로 좋으며, 비싸지 않은 값으로 즐길 수 있다. 특히 〈함경도찹쌀순대〉가 개발한 '순대탕'은 양질의 고기에 버섯, 도라지 등 야채를 넣고 끓여내어 맛이 각별하다. 맛도 맛이지만 푸짐하여 인기가 높다. 가자미식혜와 김치, 깍두기 등 밑반찬도 나무랄 바가 없다.

순댓국은 5,000원이며, 순대정식은 6,000원이다.

- 주소 : 서울시 강남구 신사동 578-2
- 전화번호 : 545-3302
- 영업 시간 : 24시간(일요일 휴무)
- 위치 : 강남구 압구정동 현대백화점 사거리에서 직진해서 우측 골목
- 주차 시설 : 무료 주차 가능

돈 버는 식당,
원조맛집은 이렇게 해서 큰돈 번다

초판 1쇄 발행 2006년 9월 8일

지은이 문세진
펴낸이 이지은
펴낸곳 팜파스

기   획 한성출판기획(www.ibook4u.co.kr)
편   집 이미숙, 용진영
디 자 인 최설란
마 케 팅 정재훈
출   력 다음 프로세스
인   쇄 (주)미광원색사

등록 2002년 12월 30일 제10-2536호
주소 서울시 마포구 서교동 404-26 팜파스빌딩 3·4층
전화 (02) 335-3681   팩스 (02) 335-3743
홈페이지 www.pampasbook.com
이메일 pampas@pampasbook.com

값 10,000원
ISBN 89-90607-49-3 03320

ⓒ 문세진, 2006
· 이 책의 일부 내용을 인용하거나 발췌하려면 반드시 저작권자의 동의를 얻어야 합니다.
· 잘못된 책은 바꿔 드립니다.